Exotische Küc

# Vietnamesische Küche

## Kochrezepte aus allen vietnamesischen Regionen, sowie Rezepte von den Minderheiten Vietnams

Nariman Zeitun M. Nader Asfahani

Die Autorin und der Verlag bedanken sich bei Frau Nguyen und bei allen anderen, die ihnen Rezepte zur Verfügung gestellt haben, und die somit zum Erscheinen dieses Buches auf dem deutschsprachigen Markt beigetragen haben.

1. Auflage 1995, .... 5. Auflage 2017



Titelbild: Gundula Wagner
Fotos: M. Nader Asfahani
Bearbeitung: Christina Khenkhar
Übersetzung, Gestaltung, Herstellung und Satz:
Asfahani Verlag
Hausbrucher Str. 54 / 21147 Hamburg
Telefon 040 7967951 Fax 040 7967955
E-Mail: info@asfahani.de
www.asfahani.de

ISBN 978-3-927459-88-5

# Exotische Küche
# Kochbücher aus dem Süden

☺ Alle Rezepte sind für 3 bis 4 Personen gedacht

# Sachregister

## Kurze Informationen



## Vor- und Nachspeisen und Salate



## Soßen



## Suppen

## Reis- und Reisnudelgerichte sowie Reisnudelsuppe



## Gemüse- und Fleischgerichte

## Eier- und Geflügelgerichte



## Fischgerichte

## Fondues



## Asiatische Süßspeisen



## Süßspeisen

# Kurze Informationen

## Chili

### Wie man mit scharfen Chilis umgeht

Bevor Sie die Chilis anfassen, ziehen Sie bitte Gummihandschuhe an. Damit wird verhindert, dass die ätherischen Öle Ihnen Hautjucken verursachen. Außerdem berühren Sie nicht Ihre Augen während des Arbeitens mit Chili.
***Chilis nur mit kaltem Wasser waschen***. Heißes Wasser kann manchmal bei getrockneten Chilis Dämpfe entwickeln, die die Augen und Schleimhäute reizen.

✤✤✤✤✤✤✤✤✤✤

## Kokosnussmilch-Nuoc Cot Dua

Um Kokosnussmilch herstellen zu können, muss man zuerst das weiße Fruchtfleisch raspeln oder reiben.

## Kokosnusspaste herstellen

### 1. Methode

Fruchtfleisch einer Kokosnuss reiben ➡ in den Mixaufsatz einer Elektroküchenmaschine geben ➡ 1/4 Liter heißes Wasser darüber geben und mit hoher Geschwindigkeit mixen ➡ einen weiteren 1/4 Liter heißes Wasser dazugeben und weitermixen, bis ein glatter Brei entstanden ist.

### 2. Methode

Kokosnussfruchtfleisch von Hand reiben (evtl. fertig geriebene Kokosnuss verwenden) ➡ 1/2 Liter heißes Wasser darüber geben ➡ mit einem Schneebesen oder Elektromixer kräftig schlagen.

# Kokosnussmilch herstellen

☺ Ein Sieb mit einem Küchentuch auslegen ➟ Kokosnussbrei hinein geben ➟ mit einem Löffel kräftig pressen ➟ die Enden des Tuches zusammenhalten und kräftig wringen, damit die restliche Flüssigkeit aus dem Brei heraustropfen kann.

❊❊❊❊❊❊❊❊❊❊❊

# Reis, rösten und mahlen

## Zutaten:

1 Tasse Reis

## So wird es gemacht:

☺ Reis in eine Pfanne geben und auf einer Herdplatte stark erhitzen ➟ rösten, bis der Reis braune Farbe annimmt. Während des Röstens ununterbrochen rühren ➟ in eine Küchenmaschine geben und fein mahlen. Dann in ein Glas geben und gut verschließen.

❊❊❊❊❊❊❊❊❊❊❊

# Erdnüsse rösten

## Zutaten:

1 Tasse geschälte Erdnüsse (Dau Pfong)

## So wird es gemacht:

☺ Erdnüsse in eine Pfanne geben und auf einer Herdplatte stark erhitzen ➟ 2 bis 3 Minuten unter ständigem Rühren rösten, bis sich die feinen Schalen dunkel färben ➟ Nüsse aus der Pfanne nehmen und abkühlen lassen. Dann zwischen den Handflächen reiben. Dadurch lösen sich die feinen Schalen ab.

❍ Man kann auch Sesamkerne (Me) auf die gleiche Art rösten.

❊❊❊❊❊❊❊❊❊❊❊

# Reisblätter

Reisblätter werden in Vietnam für Frühlingsrollen verwendet. Es gibt fertige (Banh Trang) und frische (hausgemachte) Reisblätter (Bahm Uot).
Die erste Sorte kann man in vietnamesischen oder fernöstlichen Lebensmittelläden kaufen. Sie wird aus Reismehl, Salz und Wasser hergestellt. Die zweite Sorte kann man selber herstellen.

# Frische Reisblätter Methode 1

## Zutaten:

1 Tasse feines Reismehl
1/4 Tasse Tapiokastärke oder Maisstärke
ca. 2 Tassen Wasser
etwas Salz

## So wird es gemacht:

☺ Alle Zutaten in eine Schale geben und gut verrühren (Der Teig muss flüssig sein).

☺ Ein flaches Sieb mit einem starken Tuch bespannen ➟ ca. 1 Tasse Wasser in einen Topf geben ➟ das Sieb darauf stellen und zum Kochen bringen, dann auf mittlere Hitze stellen.

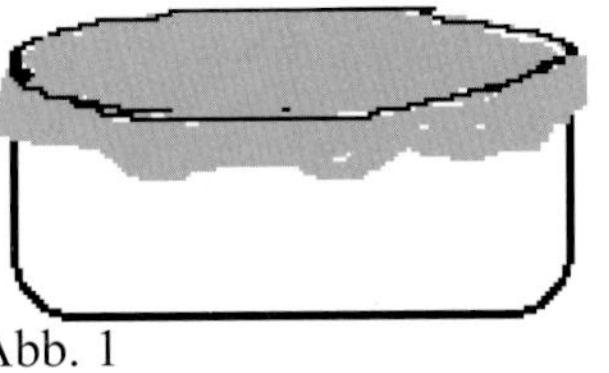

Abb. 1

☺ Eine Kelle flüssige Reismehlmischung in die Mitte geben und dünn auf dem Tuch verteilen ➟ ca. 1 Minute dämpfen lassen. Dann einen Holzstab nehmen, und auf eine Seite des Reisblattes legen. Die Reisblattecke heben und über den

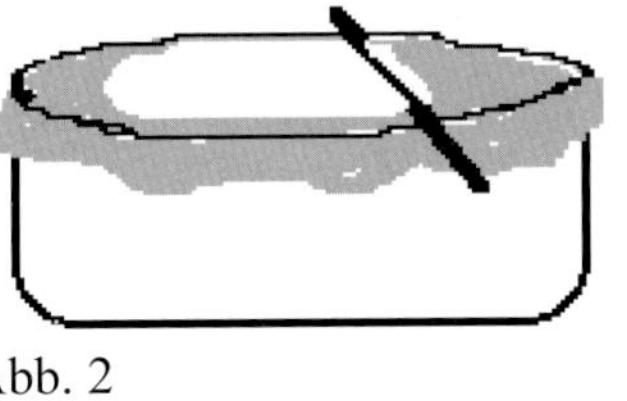

Abb. 2

Holzstab legen und rollen (siehe Abb. 2, Seite 9). Damit können Sie das fertige Reisblatt vom Sieb entfernen. Danach auf eine flache Unterlage legen.

# Methode 2

## Zutaten:

siehe Methode 1 (Seite 9),
dazu benötigen Sie ca. 1 Esslöffel Öl
Butter oder Öl

## So wird es gemacht:

☺ Die Zutaten werden in einer Schale zu einer flüssigen Mischung verarbeitet.

☺ Etwas Butter oder Öl in einer Teflonpfanne erhitzen ➡ eine Kelle Reismischung in die Pfanne geben. Pfanne zudecken und einige Sekunden von einer Seite anbraten. Dann Deckel abheben und die Oberfläche beobachten. Wenn das Reisblatt gar wird, bilden sich auf der Oberfläche längliche Blasen. Ansonsten Pfanne zudecken und einige Sekunden garen.

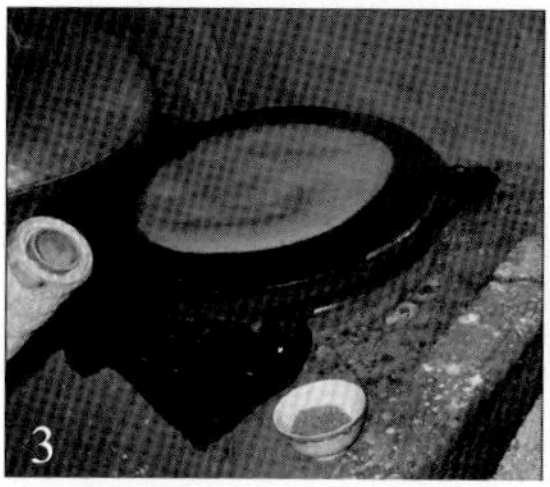

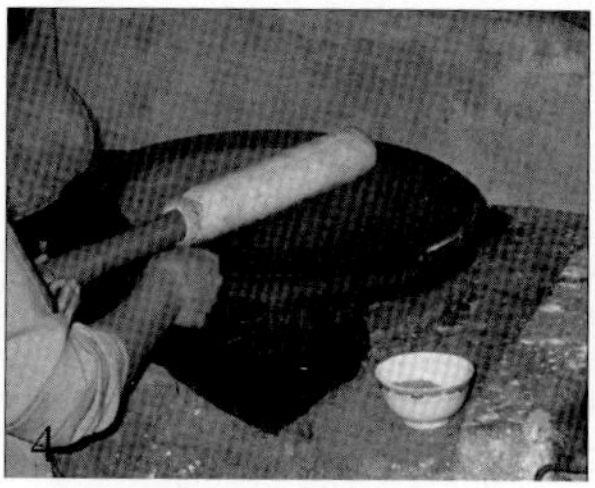

Original werden die Blätter, wie die Bilder oben zeigen, über einer gewölbten Mettalplatte gegart.

❀❀❀❀❀❀❀❀❀❀

### Andere vietnamesische Spezialitäten sind:

Reisnudeln, Glasnudeln oder Mungbohnennudeln, getrockneter Tintenfisch, Fischsoße und Bohnenpaste (Bohnenquark).

# Kleine Gemüse- und Gewürzkunde
# Gemüse

## Amarant

Amarant wird wie Spinat vorbereitet. Leider findet man diese Gemüsesorte selten auf den Märkten.

## Auberginen

6

Außer den üblichen Angeboten an dunklen Sorten (ca. 20 Sorten) gibt es weiße, gelbe und grüne runde Auberginen. Diese Sorten werden zu bestimmten Jahreszeiten importiert. Grüne Auberginen werden „afrikanische Auberginen" genannt. Sie werden auch unter dem Namen **Antroewa** in manchen Fruchthäusern angeboten.

## Batate-Süßkartoffel oder weiße Kartoffel.

Batate werden das ganze Jahr auf dem deutschen Markt angeboten. Trotzdem ist die Süßkartoffel hierzulande wenig bekannt.

## Bambussprossen

Es gibt frische, sauer eingelegte und getrocknete Sorten.

## Bohnen (getrocknete Sorten)

Außer dem üblichen Angebot an Bohnen auf dem deutschen Markt, gibt es gelegentlich folgende Sorten:

Spargelbohnen oder Augenbohnen (auch bekannt als schwarze Augenbohnen)

Adzukibohnen (dunkelbraun mit weißen Streifen)

**Bohnen** (frische Bohnen)

Außer dem üblichen Angebot an Bohnen auf dem deutschen Markt, gibt es gelegentlich folgende Sorten:

Bobbybohnen (Ägypten) Borlottibohnen (Italien)
Cocobohnen, auch bekannt als breite Bohnen.
Kidneybohnen oder rote Bohnen
Schwarze-Bohnen (Südamerika) Limabohnen
Spaghetti-Bohnen Wachtelbohnen Adzukibohnen
Reisbohnen Urdbohnen Mungbohnen

**Celosie** oder **Amaranthaceae**

Blattgemüse, ähnlich wie Amarant. Es gibt rote und grüne Celosie.

**Chayote** (Eierkürbis) auch *Chocho* oder *Christofine* genannt

Eine Chayotefrucht, wiegt ca. 250 bis 300 g. Chayotefleisch wird als Salat oder als Kochgemüse gegessen.

**Flaschenkürbis**

Das ganze Jahr über auf dem deutschen Markt erhältlich. Flaschenkürbisse sehen aus wie große Zucchini und haben eine hellgrüne Farbe. Sie werden als Kochgemüse verwendet. Kleine Flaschenkürbisse werden auch „türkische Zucchini" genannt.

**Maniok oder Cassava**

Kochgemüse. Das ganze Jahr über auf dem Markt erhältlich.

**Matoke** oder **Plantain** Grüne Kochbananen

**Okra** Kochgemüse

**Yam**

Knollen, die man wie Kartoffeln kochen und essen kann

**Pfeilwurz (Arrowroot)**

Wird als Kochgemüse verwendet

**Sojasprossen**

**Tapioka** (Sago aus der Maniokwurzel)

Essbare Wurzel. Manche nennen den Taro „vietnamesische Kartoffel“. In Vietnam und anderen asiatischen Ländern gibt es verschiedene Tarosorten

# Gewürze und Gewürzpflanzen

In unseren Kochbüchern haben wir Gewürze und Gewürzpflanzen verwendet, die in Deutschland erhältlich sind. Das sind:

**Chilis**

Es gibt in manchen asiatischen und Afro-Shops sehr scharfe Chilis.

**Fünfgewürze**

Gewürzmischung, besteht aus Fenchel, Anis oder Staranis, gemahlenen Pfefferkörnern, Zimt und Nelkenpulver.

**Garam Masala** (Gewürzmischung)

**Gelbwurzel** (nicht in Pulverform)

Wird ab und zu auf dem Markt angeboten.

**Gelbwurzelpulver** oder **Kurkuma**

**Ingwerwurzel**

**Ingwerpulver**

**Koriander** (wird auch „chinesische Petersilie“ genannt)

frisch oder getrocknet, auch als Koriandersamen erhältlich.

**Zitronengras**

Importiert wird das Zitronengras ganzjährig. Ab und zu findet man diese Sorte auf den Märkten. Zum Kochen verwendet man die länglichen Blätter und die zarten Stiele. Getrocknetes Zitronengras muss man ca. 2 Stunden in warmem Wasser einweichen, dann abtropfen lassen und hacken.

# Vor- und Nachspeisen und Salate

## Karotten in Essig-Ngam Dam

### Zutaten:

2 große Karotten, schaben und in dünne Streifen schneiden. Dann die Streifen in feine kleine Streifen schneiden oder mit einer Reibe reiben
ca. 1 Esslöffel Essig
ca. 1/2 Tasse Wasser
1 Teelöffel Zucker
Prise Salz

### So wird es gemacht:

☺ Wasser in eine Schale geben ➟ Zucker, Essig und Salz dazugeben und solange umrühren, bis sich der Zucker und das Salz aufgelöst haben ➟ Karotten dazugeben und über Nacht ziehen lassen ➟ zu Frühlingsrollen servieren.

**********

## Salatteller

### Zutaten:

1 kleinen Salatkopf, zerlegen, Blätter waschen und abtropfen lassen
1 mittelgroße Gurke, schälen, halbieren und in feine Streifen schneiden
1 Bund Koriander (chinesische Petersilie), Blätter waschen und abtropfen lassen
1 Bund Pfefferminze, Blätter waschen und abtropfen lassen
1 Tomate, in Scheiben schneiden
Pfeffer und Fischsoße und evtl. Salz

## So wird es gemacht:

☺ Einen Servierteller mit Salatblättern bedecken ➟ Gurken- und Tomatenscheiben darauf verteilen ➟ mit Pfefferminz- und Korianderblättern belegen und servieren.

**********

# Krabben mit Fleisch und Bambussprossen

## Zutaten:

1 Dose Bambussprossen (200 g). Dose aufmachen, Doseninhalt in ein Sieb geben, abtropfen lassen, dann die Bambussprossen halbieren und in Streifen schneiden
150 g Krabbenfleisch (Tam), die einzelnen Krabben halbieren
50 g mageres Fleisch (Thit), in feine Streifen schneiden, dann die Streifen zerkleinern, waschen und abtropfen lassen
3 kleine Schalotten, fein hacken
1 Knoblauchzehe, fein hacken
je 2 Esslöffel geröstete Sesamkerne und Erdnüsse (die Erdnüsse grob zerdrücken)
2 bis 2½ Esslöffel Fischsoße
Salz und Pfeffer
Öl

## So wird es gemacht:

☺ 2 bis 3 Esslöffel Öl in einer Pfanne erhitzen ➟ Schalotten dazugeben und glasig dünsten ➟ Knoblauch dazugeben und einige Sekunden dünsten ➟ Fleischstücke untermengen, salzen und pfeffern ➟ dünsten, bis die Flüssigkeit verdampft ist und die Fleischstücke Farbe annehmen ➟ Krabben und Bambussprossen untermengen. Danach die Fischsoße, Sesamkerne und Erdnüsse dazugeben, gut vermengen und heiß servieren.

**********

# Krabbenrollen

## Zutaten:

1 Packung Reisblätter (oder Reisblätter selbst herstellen (siehe Seite 9)
200 bis 250 g frische Krabben, Schalen entfernen und Krabbenfleisch in eine Schale geben
4 Lauchzwiebeln, hacken
1 Esslöffel Sojasoße (mild)
1 Eiweiß
1 Esslöffel Maismehl
Salz und Pfeffer
Prise Zucker
Erdnussöl oder eine andere Sorte

## So wird es gemacht:

☺ Lauchzwiebeln, Sojasoße, Eiweiß, Maismehl, Salz, Pfeffer und eine Prise Zucker über die Krabben geben und gut vermengen.
☺ Etwas Krabbenfüllung auf ein Reisblatt geben. Dann zuerst die Spitze auf die Füllung legen und die Seiten in Richtung Mitte legen und von der Füllungsseite aus zu einer Rolle drehen. Auf diese Weise auch die restlichen Reisblätter füllen.
☺ Öl in einer Pfanne erhitzen ➡ die gefüllten Reisblätter in heißem Öl rundherum ca. 3 Minuten anbraten und heiß servieren.

**********

# Frühlingsrollen (Salatrollen) - Cha Gio

## Zutaten:

1 Packung Reisblätter oder 20 selbst hergestellte Reisblätter
250 g mageres Fleisch, in dünne Streifen schneiden, dann die Streifen in kleine Stücke schneiden, waschen und abtropfen lassen
250 g gekochte Krabben, Schalen entfernen und halbieren

oder zerkleinern
100 g Reisnudeln (Kanome Jen) oder Glasnudeln, ca. 20 Minuten in warmes Wasser legen, in ein Sieb geben, abtropfen lassen und in Streifen schneiden
Ersatzweise kann man japanische „Somennudeln" nehmen. Diese Nudeln in kochendem Wasser 3 Minuten brodeln lassen, in ein Sieb geben, mit kaltem Wasser abschrecken und beiseite stellen
1 Bund Pfefferminze, Blätter waschen und hacken
1 Esslöffel gehackte Korianderblätter oder ½ Teelöffel getrockneten Koriander
1 Zwiebel hacken
2 große Lauchzwiebeln hacken
2 Knoblauchzehen, fein hacken oder mit etwas Salz zerdrücken
3 Eier aufschlagen, in eine Schale geben und verrühren
Salz und Pfeffer
Erdnussöl oder eine andere Ölsorte zum Braten

## So wird es gemacht:

☺ Alle Zutaten (außer einem Teil der verrührten Eier, Fleisch, Öl und den Reisblättern) in eine Schale geben und gut vermengen ➠ salzen und pfeffern.

☺ Etwas Öl in einer Pfanne erhitzen ➠ Fleischstücke dazugeben und braten, bis sie Farbe annehmen ➠ in ein Sieb geben und abtropfen lassen, dann zu der Zutatenmischung geben und gut vermengen.

☝ Damit die Blätter etwas weicher werden und beim Schneiden und Füllen nicht brechen, mit den Eiern bestreichen, ziehen lassen und dann erst schneiden.

☺ Reisblätter (siehe Abb. 7) bearbeiten:

1-Blätter vierteln.

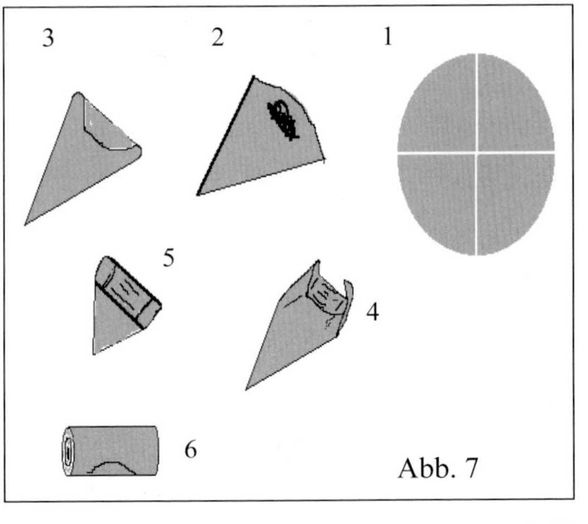

Abb. 7

2-Füllung auf eine Seite des Viertelblattes geben.

3-Obere Seite auf die Füllung schlagen.

4-Die Ecken des Blattes nach innen schlagen.

5 und 6-Den oberen Teil in Richtung Blattspitze aufrollen.

☺ wenn die Blätter gefüllt sind, Öl in einer Pfanne erhitzen, dann bei schwacher Hitze die gefüllten Rollen braten, bis sie goldbraune Farbe annehmen (ca. 15 Minuten braten) ➟ die fertig gebratenen Rollen bis zum Servieren warm halten.

**Vermerk:** In Vietnam werden die Rollen mit Karottensalat, Salatblättern, Gurkenscheiben und verschiedenen Soßen (Chilisoße=Nuoc Cham und/oder Fischsoße=Nuo Mam) servieren:

Die einzelnen Rollen auf ein Salatblatt legen, mit Soßen beträufeln ➟ die Rolle ins Salatblatt rollen und mit dem Finger essen.

**********

# Variante 2

## Zutaten:

1 Packung Reisblätter oder 8 bis 10 Blätter

25 bis 30 g Reisnudeln (Kanome Jen) oder Glasnudeln („Cellophan-Nudeln/Mungbohnennudeln“), ca. 20 Minuten in warmes Wasser legen, in ein Sieb geben, abtropfen lassen und in Streifen schneiden

Ersatzweise, kann man japanische „Somen-Nudeln“ verwenden, die in kochendem Wasser 3 Minuten kochen müssen, in ein Sieb geben, mit kaltem Wasser abschrecken und beiseite stellen

150 g Krabben, Schalen entfernen und das Fleisch zerkleinern

ca. 200 g Hackfleisch

1/2 bis 3/4 Tasse Sojabohnensprossen, waschen und abtropfen lassen

3 Eier, aufschlagen, in eine Schale geben und verrühren

1 Knoblauchzehe, fein hacken oder mit etwas Salz zerdrücken

1 kleine Zwiebel, fein hacken
1 Schalotte, fein hacken
2 Lauchzwiebeln, der Länge nach halbieren und in dünne Streifen schneiden
1 Bund Koriander, Blätter waschen und abtropfen lassen
Salz und Pfeffer
Fischsoße
Chilisoße
Öl, zum Braten

## So wird es gemacht:

☺ Alle Zutaten (außer Eiern, Öl, Reisblättern, Chili- und Fischsoße und einem Teil der Korianderblätter) in eine Schale geben und gut vermengen.

☺ Reisblätter mit Ei bestreichen, damit die Blätter weich werden und beim Rollen nicht brechen ➟ einige Sekunden ziehen lassen, dann die Blätter füllen (siehe Abb. 8):

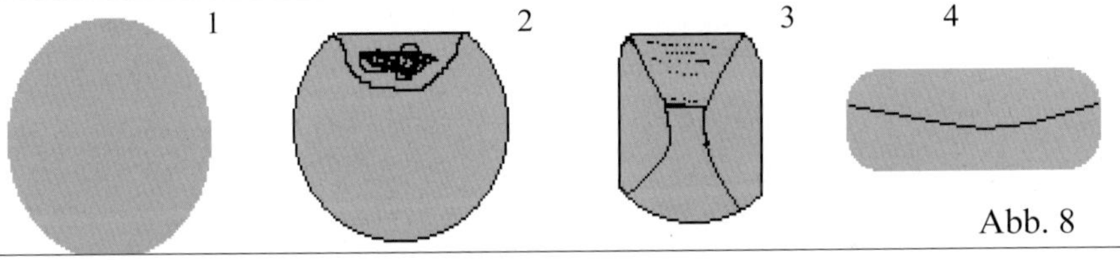

Abb. 8

☺ Teil der oberen Blattecke nach innen legen (2) ➟ Füllung darauf geben (2), dann wieder umschlagen ➟ die rechte und die linke Seite in Richtung Mitte legen (3) und von oben in Richtung der unteren Blattecke zu einer Rolle drehen (4).

☺ Öl in eine Pfanne geben und die gefüllten Reisblätter bei mittlerer Hitze knusprig braten, aus der Pfanne nehmen und abtropfen lassen ➟ auf einen Servierteller geben, mit Koriander bestreuen, heiß mit Chili- und Fischsoße und Salat servieren.

Vermerk:
Man kann die Reisblätter auch anstatt zu Rollen zu Dreiecken formen und braten.

**********

# Tintenfisch mit Krabben und Fleisch

## Zutaten:

1 Stück getrockneter Tintenfisch (Sua)(ca. 10 cm), ca. 2 Stunden in heißes Wasser legen, in ein Sieb geben, abtropfen lassen und in feine Streifen schneiden
100 g Krabbenfleisch (Tam)
50 g Fleisch (Thit), in feine kleine Streifen schneiden, waschen und abtropfen lassen
1 Gurke, der Länge nach halbieren, dann in feine Streifen schneiden, mit Salz bestreuen und beiseite stellen, nach ca. 15 Minuten in ein Sieb geben und abtropfen lassen, dann mit der Hand pressen, damit die restliche Flüssigkeit abtropfen kann
2 Lauchzwiebeln, der Länge nach halbieren und in Streifen schneiden
1/2 Esslöffel Fischsoße
2 Esslöffel zerdrückte Erdnüsse
Salz
Pfeffer
Öl, zum Braten
Korianderblätter, zum Garnieren

## So wird es gemacht:

☺ Etwas Öl in einer Pfanne erhitzen ➟ Lauchzwiebeln dazugeben, salzen und pfeffern ➟ dünsten, bis sie weich sind ➟ Fleisch untermengen und braten, bis die Zwiebeln und das Fleisch Farbe annehmen ➟ Krabben dazugeben, gut vermengen und bei schwacher Hitze 3 bis 4 Minuten braten ➟ Fischsoße darüber geben, gut vermengen und 1 bis 2 Minuten weiter braten, dann Gurkenstreifen, Tintenfischstreifen und Erdnüsse untermengen und einige Minuten braten ➟ Pfanneninhalt in eine Schale oder auf einen Servierteller geben, mit Korianderblättern garnieren und heiß servieren.

# Getrockneter Tintenfisch mit Fleisch und Gemüse

## Zutaten:

ca. 12 cm getrockneter Tintenfisch (Sua Kho = besondere Tintenfischart), ca. 45 Minuten in heißes Wasser legen, waschen, abtropfen lassen und würfeln
150 g mageres Fleisch, waschen und abtropfen lassen
1 Hühnerbrust oder 2 Keulen
1 kleiner Kohlkopf, die mittleren harten Stellen abschneiden, Blätter in feine Streifen schneiden, waschen, abtropfen lassen und in eine große Schale geben
1 Zwiebel in dünne Streifen schneiden, in eine Schale geben, ca.1 Esslöffel Essig darüber geben und ca.15 Minuten stehen lassen
je 1/2 Bund Pfefferminze und Koriander, Blätter waschen
3 Esslöffel (oder nach Geschmack) Chilisoße
1 Esslöffel zerdrückte Erdnüsse

## So wird es gemacht:

☺ Fleischsorten in einen Topf geben ➟ mit Wasser bedecken und gar kochen ➟ aus dem Wasser nehmen und abtropfen lassen.
☺ Fleisch in kleine Würfel schneiden und zum Kohl geben.
☺ Hühnerfleisch mit den Fingern auseinander nehmen und zum Kohl geben
☺ Die Zwiebeln mit Essig, Koriander und Pfefferminze zum Kohl geben und gut vermengen ➟ mit Chilisoße abschmecken ➟ zerdrückte Erdnüsse darüber streuen und servieren.

**********

# Variante 2

## Zutaten:

1 kleiner Tintenfisch (Muo) ,die Arme (Tentakeln) abschneiden, Haut entfernen, aufschneiden, das plastikähnliche Innere, die Augen und den Mund abschneiden, in kleine Stücke schneiden, gründlich waschen und abtropfen lassen. In kochendem Wasser kurz blanchieren, in ein Sieb geben und abtropfen lassen
100 g Fleisch
ca. 2 Tassen Sojabohnensprossen, blanchieren, in ein Sieb geben und abtropfen lassen
25 g Krabbenfleisch, zerkleinern
1 Zwiebel, in hauchdünne Scheiben schneiden, in eine Schale geben, mit Essig bedecken und ca. 30 Minuten stehen lassen, Essig abgießen, Zwiebeln mit der Hand pressen, damit die Flüssigkeit abtropfen kann und beiseite stellen
1 mittelgroße Karotte, schaben, der Länge nach halbieren und in dünne Scheiben schneiden
1 kleine Chilischote, Stielansatz abschneiden, der Länge nach halbieren, Samen entfernen und fein hacken
2 bis 3 Esslöffel geröstete Sesamkerne
Chilisoße (Menge nach Geschmack)
Salz
Öl, zum Braten

## So wird es gemacht:

☺ Fleisch in einen Topf geben ➟ mit Wasser bedecken, salzen und gar kochen ➟ Fleisch aus dem Topf nehmen und in Streifen schneiden, dann würfeln.
☺ Öl in einer Pfanne erhitzen ➟ Tintenfischstücke dazugeben, salzen und braten ➟ aus der Pfanne nehmen, abtropfen lassen und beiseite stellen.
☺ Alle Zutaten in eine Schale geben und gut vermengen ➟ mit Chilisoße abschmecken und in kleinen Schalen servieren.

**********

# Gegrillter Tintenfisch

## Zutaten:

500 g Tintenfisch (Muc), die Arme (Tentakeln) abschneiden, Haut entfernen, aufschneiden, das plastikähnliche Innere, die Augen und den Mund abschneiden, in Stücke schneiden, gründlich waschen und abtropfen lassen, dann einige Minuten in kochendem Wasser blanchieren, in ein Sieb geben und abtropfen lassen
1 ¾ Tassen Kokosnusspaste (siehe Seite 7)
1 Knoblauchzehe, mit etwas Salz zerdrücken
1 Esslöffel Fischsoße
1 Teelöffel Ingwerpulver
3 bis 4 cm Ingwerwurzel, fein hacken
1 Zwiebel, hacken
1/2 Teelöffel getrockneter Koriander
Pfeffer
Öl

## So wird es gemacht:

☺ 1 Tasse Kokosnusspaste in eine Schale geben ➟ Fischsoße, Ingwerpulver, Ingwerwurzel, Zwiebeln, getrockneten Koriander, Knoblauchpaste und Pfeffer dazugeben und gut vermengen ➟ Tintenfischstücke in die Marinade untermengen ➟ Schale zudecken und ca. 3 Stunden ziehen lassen. Zwischendurch wenden.
☺ Grill mit Holzkohle zum Grillen vorbereiten.
☺ Tintenfischstücke aus der Marinade nehmen, kurz abtropfen lassen und einige Minuten grillen. Zwischendurch wenden und mit der restlichen Kokosnusspaste bestreichen ➟ heiß servieren.

**********

# Gefüllter Tintenfisch

## Zutaten:

6 mittelgroße Tintenfische (Muc), unter fließendem Wasser waschen, dabei reiben. Dadurch löst sich die Haut, Arme (Tentakeln) abschneiden, dann aufschneiden und die Innereien entfernen, sowie die Augen und den Mund, gründlich waschen. In ein Sieb geben und abtropfen lassen. Danach von innen und außen mit einen Tuch trocknen
ca. 100 g Hackfleisch
1 Schalotte oder rote Zwiebel, fein hacken
1 bis 2 Lauchzwiebeln, fein hacken
1 bis 2 Knoblauchzehen, fein hacken oder mit etwas Salz zerdrücken
2 Esslöffel Fischsoße
Pfeffer
Öl, zum Braten

## So wird es gemacht:

☺ Hackfleisch, Knoblauchpaste, Schalotten, Lauchzwiebeln und Fischsoße in eine Schale geben und gut vermengen, mit Pfeffer abschmecken ➡ die Tintenfische mit Hilfe eines Löffels zu ¾ mit der Fleischmischung füllen.

☺ Öl in eine Pfanne geben (ca. 1,5 cm hoch) und kurz auf hoher Flamme erhitzen, dann Temperatur auf mittlere Flamme stellen und die gefüllten Tintenfische von beiden Seiten ca. 20 Minuten anbraten ➡ die fertig gebratenen Tintenfische in Scheiben schneiden ➡ mit Reis, Salat und Soßen servieren.

*********

# Fleischbällchen-Dem

## Zutaten:

500 g Fleisch, in kleine Würfel schneiden, waschen und abtropfen lassen
50 g Schweinespeck oder eine andere Sorte Speck, würfeln, waschen, den Speck mit Wasser bedecken und 8 bis 10 Minuten kochen, in ein Sieb geben, abtropfen lassen und fein hacken oder durch den Fleischwolf drehen
1 Schalotte, fein hacken
2 kleine Lauchzwiebeln, fein hacken
1 bis 2 Knoblauchzehen, fein hacken
2 bis 3 Esslöffel gerösteten und gemahlenen Reis, oder Reismehl
Salz
1 Prise Pfeffer und Zucker
Etwas Öl

## So wird es gemacht:

☺ Gehackten Knoblauch, Lauchzwiebeln, Schalotten, Salz, Prise Zucker und Pfeffer in eine Schale geben und gut vermengen ➟ etwas Öl darüber geben ➟ Fleischwürfel untermengen und ca.3 Stunden ziehen lassen. Zwischendurch rühren.

☺ Das eingelegte Fleisch mit Zutaten und dem gekochten Speck 1 bis 2mal durch den Fleischwolf drehen ➟ Reismehl dazugeben und gut verkneten, dann zu kleinen Bällchen drehen.

☺ Bällchen auf ein gefettetes Backblech legen und im vorgeheizten Backofen (200°C) für 10 bis 15 Minuten backen. Man kann die Bällchen auch grillen

Serviervorschlag: Fertige Reisblätter mit etwas Wasser berieseln, damit sie weich werden ➟ einige Fleischbällchen auf ein Reisblatt legen, mit Chilisoße (oder einer anderen Soßensorte) beträufeln und rollen ➟ aus der Hand essen. Dazu serviert man Salatteller.

# Knoblauch-Krabben

## Zutaten:

250 g Krabben, Schalen entfernen
1 Esslöffel Fischsoße
1/2 Knoblauchzehe, hacken
1/2 Bund Koriander, Blätter und Stielspitzen waschen, abtropfen lassen und hacken
einige Pfefferkörner
Öl

## So wird es gemacht:

☺ Knoblauch, Koriander, Pfeffer und etwas Öl in einen Mörser geben und zu einer Paste zerdrücken.
☺ 2 bis 3 Esslöffel Öl in einer Pfanne erhitzen ➠ Krabben dazugeben und braten, bis sie Farbe annehmen ➠ Knoblauchpaste untermengen und ca. 1 Minute braten ➠ Fischsoße darüber geben, gut umrühren, in eine Schale geben und servieren. Evtl. mit Korianderblättern garnieren.

**********

# Bananen mit Kokosnussmilch

## Zutaten:

4 bis 5 Bananen, schälen und in Scheiben schneiden
500 ml Kokosnussmilch
50 g brauner Zucker

## So wird es gemacht:

☺ Wasser in einem Topf zum Kochen bringen ➠ Bananenscheiben dazugeben und ca. 15 Minuten kochen lassen ➠ in ein Sieb geben und abtropfen lassen.
☺ Kokosnussmilch in einen Topf geben ➠ Zucker dazugeben und auflösen. Dabei zum Kochen bringen ➠ Bananenscheiben dazugeben, Topf zudecken und bei schwacher Hitze 30 bis 35 Minuten köcheln lassen ➠ heiß

servieren.

**********

# Variante 2

## Zutaten:

500 g Bananen, schälen, der Länge nach halbieren und in Stücke schneiden
2 Tassen Kokosnussmilch
1/2 Tasse Zucker
1 Prise Salz

## So wird es gemacht:

☺ Kokosnussmilch, Zucker und Prise Salz in einen Topf geben ➟ rühren, bis sich der Zucker auflöst, dabei auf mittlerer Hitze ca. 10 Minuten kochen lassen ➟ wenn der Kokosnusssirup anfängt zu kochen, Bananenscheiben dazugeben, umrühren und 2 bis 3 Minuten brodeln lassen ➟ warm servieren.

**********

# Gebratene Bananen

## Zutaten:

4 bis 5 Bananen, schälen, der Länge nach halbieren, dann vierteln
3 bis 4 Esslöffel braunen Zucker
Butter
Zitronensaft

## So wird es gemacht:

☺ 2 bis 3 Esslöffel Butter in einer Pfanne zerlassen ➟ Bananenstücke dazugeben und goldbraun braten ➟ Zucker darüber streuen und langsam umrühren, bis sich der Zucker aufgelöst hat und ein Sirup entstanden ist ➟ in eine Schale geben, mit Zitronensaft beträufeln und servieren.

**********

# Soßen

In Vietnam verwendet man beim Kochen Fischsoße. Diese Soßenart wird in Flaschen wie Sojasoße verkauft. Es gibt auch die **Tuong-Soße**. Sie wird aus Bohnen hergestellt. Diese Soßenart wird bei vielen „vietnamesische“ Sojasoße genannt, aber man kann sie nicht mit den üblichen Sojasoßen vergleichen.
Die beiden Soßen werden in der vietnamesischen Küche verfeinert. Einige dieser verfeinerten Soßen haben wir unten aufgeführt.

## Chilisoße-Nuoc Chan

### Zutaten:

2 getrocknete Chilischoten, Stielansätze abschneiden, der Länge nach halbieren, Samen entfernen und zerkleinern
1 Knoblauchzehe, zerkleinern
Saft einer halben Zitrone oder Limette
1/2 Esslöffel Zucker
1½ bis 2 Esslöffel Fischsoße
2 bis 3 Esslöffel Wasser

### So wird es gemacht:

☺ Knoblauch, Chili und Zucker in einen Mörser geben und zu einer Paste zerdrücken ➡ Zitrone dazugeben und gut verrühren, dann die Fischsoße und Wasser dazugeben und gut verrühren.

# Variante 2

## Zutaten:

3 kleine scharfe Chilischoten, Stielansätze abschneiden, der Länge nach halbieren, Samen entfernen und hacken
2 große Knoblauchzehen, hacken
3 bis 4 cm Ingwerwurzel, hacken
1 Teelöffel Essig und Öl
Salz

## So wird es gemacht:

☺ Chili, Knoblauch, Ingwerwurzel, Zucker und Salz in einen Mörser geben und zerdrücken ➡ Öl in einer Pfanne erhitzen ➡ Chilipaste dazugeben, und 1 bis 2 Minuten dünsten ➡ Essig dazugeben, gut verrühren und kurz aufkochen lassen ➡ vom Herd nehmen, abkühlen lassen und servieren.

# Limettensoße

## Zutaten:

2 Esslöffel Limettensaft
2 Esslöffel Fischsoße (Nuoc Man)
1 Knoblauchzehe, fein hacken und zerdrücken
1 Teelöffel Zucker
1 kleine Chilischote, Stielansätze abschneiden, der Länge nach halbieren, Samen entfernen und fein hacken oder zerdrücken

## So wird es gemacht:

☺ Alle Zutaten in eine Schale geben und umrühren bis sich der Zucker völlig aufgelöst hat ➡ zu Fischgerichten servieren.

# Ingwersoße

## Zutaten:

2 bis 3 cm Ingwerwurzel, hacken
2 bis 3 Esslöffel Fischsoße
1 bis 1½ Esslöffel Wasser
1 kleine Chilischote, Stielansatz abschneiden, der Länge nach halbieren, Samen entfernen und hacken
1 Knoblauchzehe, hacken
1 Teelöffel Zucker
Etwas Zitronensaft

## So wird es gemacht:

☺ Ingwerwurzel, Knoblauch, Chili und Zucker in einen Mörser geben und zu einer Paste zerdrücken ➡ Fischsoße und Wasser dazugeben und gut verrühren ➡ mit Zitronensaft abschmecken und servieren.

# Tuong-Soße mit Erdnüssen

## Zutaten:

2 Esslöffel Tuong-Soße (Bohnensoße)
2 bis 3 Esslöffel Wasser
¾ Esslöffel Zucker
etwas zerdrückte Erdnüsse

## So wird es gemacht:

☺ Alle Zutaten in eine Schale geben und verrühren, bis sich der Zucker völlig aufgelöst hat ➡ zu Frühlingsrollen servieren.

# Tuong-Soße mit Ingwer

## Zutaten:

2 bis 3 Esslöffel Tuong-Soße (Bohnensoße)
1½ Esslöffel Wasser
1 Knoblauchzehe, hacken
1 kleine scharfe Chilischote, Stielansatz abschneiden, der Länge nach halbieren, Samen entfernen und hacken
3 bis 4 cm Ingwerwurzel, hacken
2 bis 3 Teelöffel Zucker

## So wird es gemacht:

☺ Knoblauch, Chili, Ingwerwurzel und Zucker in einen Mörser geben und zu einer Paste zerdrücken ➠ Paste in eine Schale geben ➠ Bohnensoße und Wasser darüber geben und gut verrühren.

# Tamarindesoße

## Zutaten:

2 bis 3 Esslöffel Fischsoße
1/4 Tasse brauner Zucker
1 Stück Tamarinde (4 bis 5 cm) in 4 bis 5 Esslöffel warmes Wasser legen, dabei mit den Fingern zerdrücken, ca. 30 Minuten ziehen lassen, dann die Tamarinde mit einem Löffel zerdrücken, durch ein Sieb geben, die restliche Tamarinde durch das Sieb pressen, damit die Säfte austropfen können, die Tamarindeflüssigkeit in einen kleinen Topf geben und beiseite stellen
etwas Wasser

### So wird es gemacht:

☺ Zucker, 3 bis 4 Esslöffel Wasser und Fischsoße zu der Tamarindeflüssigkeit geben ➟ langsam zum Kochen bringen, dabei solange umrühren, bis sich der Zucker völlig aufgelöst hat, dann bei schwacher Hitze 6 bis 7 Minuten köcheln lassen ➟ vom Herd nehmen, in eine Schale geben, abkühlen lassen und zu Eigerichten servieren.

## Knoblauchsoße

### Zutaten:

2 Knoblauchzehen, mit ca. ½ Teelöffel Salz zerdrücken
1/2 Tasse Zucker
1 kleine scharfe Chilischote, Stielansatz abschneiden, der Länge nach halbieren, Samen entfernen und fein hacken
4 Esslöffel Essig
1/4 Tasse Wasser

### So wird es gemacht:

☺ Wasser, Zucker, Essig und Knoblauchpaste in einen kleinen Topf geben ➟ auf eine Herdplatte stellen und bei mittlerer Hitze zum Kochen bringen, dabei solange umrühren, bis sich der Zucker völlig aufgelöst hat ➟ bei schwacher Hitze ca.15 Minuten köcheln lassen, bis die Soße etwas dickflüssig wird ➟ gehackte Chili dazugeben, umrühren, in eine Schale geben und kaltstellen (nicht im Kühlschrank) ➟ Soße zu Grillfleisch oder Frühlingsrollen servieren.

# Suppen

Spezielle Reisnudelsuppen sind ab Seite 53 aufgelistet.

## Reissuppe

### Zutaten:

1/2 Tasse Reis, waschen und abtropfen lassen
150 g Rinderhack
25 g Glasnudeln
1 kleine Zwiebel, hacken
1 kleine Lauchzwiebel, fein hacken
1 Esslöffel gehackter Koriander
1 Esslöffel geröstete und zerdrückte Erdnüsse
2 Esslöffel Fischsoße
Pfeffer
ca. 5 Tassen Wasser
etwas mehr als 1/2 Tasse Öl

### So wird es gemacht:

☺ Hackfleisch in eine Schale geben ➟ evtl. Salz, Pfeffer, 1 Esslöffel Fischsoße und Zwiebel dazugeben und mit einer Gabel gut vermengen ➟ Schale zudecken und beiseite stellen.

☺ 1 bis 2 Esslöffel Öl in einem Topf erhitzen ➟ Reis dazugeben und einige Minuten braten (der Reis darf nicht braun werden) ➟ Wasser darüber geben und gar kochen, das dauert ca. 15 Minuten.

☺ Das restliche Öl in einer Pfanne erhitzen ➟ Glasnudeln zwischen den Fingern reiben, damit sich die Fäden voneinander lösen ➟ in das heiße Öl geben und für ca. 30 Sekunden rösten ➟ Nudeln mit einer Schöpfkelle aus dem Öl nehmen ➟ abtropfen lassen, in eine Schale geben, zerkleinern und beiseite stellen.

☺ Wenn der Reis gar ist, Hackfleisch dazugeben und mit einer Gabel an der Topfwand zerdrücken, damit sich die Fleischstücke voneinander lösen können ➟ 4 bis 5 Minuten brodeln lassen ➟ Glasnudeln und die restliche Fischsoße dazugeben und umrühren ➟ mit Pfeffer abschmecken ➟ vom Herd nehmen und in Servierschalen geben ➟ Koriander, Erdnüsse und Lauchzwiebeln darüber streuen und servieren.

❁❁❁❁❁❁❁❁❁❁

# Krabbensuppe

## Zutaten:

75 bis 100 g Krabbenfleisch, die einzelnen Krabben zerkleinern
3/4 Tasse Reis, waschen, abtropfen lassen, in einen Mörser geben und grob zerdrücken, oder Bruchreis verwenden
ca. 3 Tassen Wasser und 1 Tasse Brühe
1 Knoblauchzehe, fein hacken
2 Esslöffel Fischsoße
3 Schalotten, hacken
2 bis 3 Esslöffel gehackte Korianderblätter
2 kleine Lauchzwiebeln, hacken
Pfeffer
Öl

## So wird es gemacht:

☺ Krabbenfleisch in eine Schale geben, mit Schalotten, Pfeffer und 1 Esslöffel Fischsoße gut vermengen ➟ Schale zudecken und beiseite stellen (ca. 15 Minuten ziehen lassen).
☺ 1 bis 2 Esslöffel Öl in einem Topf erhitzen ➟ Knoblauch dazugeben und dünsten, bis der Knoblauch Farbe annimmt ➟ Krabbenfleisch mit Marinade dazugeben und gut vermengen ➟ 2 bis 3 Minuten garen, dann Reis dazugeben und kurz dünsten ➟ Wasser und Brühe (oder nur Wasser) dazugeben ➟ umrühren ➟ Topf zudecken ➟ kurz zum Kochen bringen, dann bei mittlerer Hitze 10 bis 15 Minuten kochen lassen, bis der Reis gar ist ➟ die restliche Fischsoße dazugeben, abschmecken und in eine Servierschale geben ➟

mit Koriander und gehackten Lauchzwiebeln garnieren und heiß servieren.

❁❁❁❁❁❁❁❁❁❁❁

# Gemüsesuppe mit Glasnudeln

## Zutaten:

2 Esslöffel Fischsoße
1 Tasse zerkleinertes Blattgemüse (Sorte nach Belieben)
25 g Glasnudeln
2 bis 3 Tassen Brühe, oder Wasser und Brühe
Pfeffer

## So wird es gemacht:

☺ Glasnudeln 15 bis 20 Minuten in warmem Wasser ziehen lassen ➞ in ein Sieb geben und abtropfen lassen, dann die Glasnudelstreifen zerkleinern.
☺ Brühe (oder Brühe und Wasser) und Fischsoße in einen Topf geben und zum Kochen bringen ➞ Blattgemüse und Glasnudeln dazugeben und kochen lassen, bis das Gemüse gar ist ➞ mit Pfeffer abschmecken ➞ in eine Servierschale geben und heiß servieren.

❁❁❁❁❁❁❁❁❁❁❁

# Vietnamesische Kartoffelsuppe

## Zutaten:

250 g Taro (Khoai)
**Taro:** Essbare Zehrwurzel, es gibt verschiedene Tarosorten und Farben. In Europa gibt es nur einige Sorten davon ( falls man Taro auf dem Markt findet )
75 bis 100 g Fleisch, in Würfel schneiden, waschen und abtropfen lassen
ca. 1 Esslöffel Fischsoße
3 Tassen Wasser
2 Schalotten, hacken
Pfeffer

Taro

## So wird es gemacht:

☺ Taro schälen und in Würfel schneiden.

☺ Fleischwürfel in eine Schale geben ➟ Schalotten, Pfeffer und etwas Fischsoße darüber geben ➟ gut vermengen und beiseite stellen.

☺ Wasser in einen Topf geben und zum Kochen bringen ➟ Fleisch mit Marinade und Tarostücke dazugeben und bei mittlerer Hitze kochen lassen, bis das Fleisch und der Taro gar sind ➟ mit Fischsoße und Salz abschmecken und heiß servieren.

❁❁❁❁❁❁❁❁❁❁

# Zitronengrassuppe

## Zutaten:

1 Bund Zitronengras, Blätter und Stiele waschen, abtropfen lassen und hacken (siehe Seite 12)
100 g Fleisch, in Streifen schneiden, dann die Streifen erneut in feine Streifen schneiden, waschen und abtropfen lassen
3 Tassen Wasser
1 Knoblauchzehe, fein hacken
3 Lauchzwiebeln, fein hacken
2 Schalotten, fein hacken
ca. 1 Esslöffel Fischsoße
2 Esslöffel gehackter Koriander
Salz und Pfeffer
Öl

## So wird es gemacht:

☺ Fleischstücke in eine Schale geben ➟ Knoblauch, ½ Esslöffel Fischsoße und Pfeffer darüber geben ➟ gut vermengen und beiseite stellen.

☺ Etwas Öl in einem Topf erhitzen ➟ Schalotten dazugeben und glasig dünsten ➟ Zitronengras untermengen und ca. 1 Minute dünsten ➟ Fleisch mit Marinade dazugeben und braten, bis die Fleischstücke Farbe annehmen ➟ Wasser darüber geben und umrühren ➟ kochen lassen, bis die Fleischstücke gar sind ➟ mit Fischsoße, Salz und Pfeffer abschmecken ➟ in eine Kasserolle geben, mit Koriander und Lauchzwiebeln garnieren und heiß servieren.

❁❁❁❁❁❁❁❁❁❁

# Papayasuppe

## Zutaten:

1 grüne Papaya, schälen und in kleine Würfel schneiden
3 Tassen Wasser und 1 Tasse Brühe (oder nur Wasser)
100 g Fleisch, würfeln, waschen und abtropfen lassen
3 Esslöffel Fischsoße
2 bis 3 Esslöffel gehackter Koriander
3 Lauchzwiebeln, hacken
Salz und Pfeffer

## So wird es gemacht:

☺ Wasser und Brühe (oder nur Wasser) in einen Topf geben und zum Kochen bringen ➟ Fleischwürfel dazugeben, salzen und pfeffern und bei mittlerer Hitze kochen lassen, bis die Fleischstücke gar sind. Zwischendurch Schaum ablöffeln.

☺ Papayawürfel zu der Suppe geben und ca. 15 Minuten kochen lassen, bis die Papaya gar ist ➟ mit Salz, Pfeffer und Fischsoße abschmecken ➟ in eine Servierschüssel geben ➟ mit Koriander und Lauchzwiebeln garnieren und heiß servieren.

❁❁❁❁❁❁❁❁❁❁

# Maissuppe

## Zutaten:

3 Tassen Wasser und 1 Tasse Brühe
150 bis 200 g Krabbenfleisch, zerkleinern
1 kleine Dose Mais, Dose aufmachen, Doseninhalt in ein Sieb geben und abtropfen lassen
2 Knoblauchzehen, mit etwas Salz zerdrücken
2 Esslöffel Fischsoße
1 Ei, aufschlagen, in ein Glas geben und verrühren
3 Schalotten, fein hacken
1 Esslöffel gehackter Koriander
Salz und Pfeffer
Öl

## So wird es gemacht:

☺ Etwas Öl in einem Topf erhitzen ➟ Schalotten dazugeben und glasig dünsten, Knoblauchpaste untermengen und kurz dünsten ➟ Wasser, Brühe, Krabben, Fischsoße und Mais dazugeben und umrühren ➟ salzen und pfeffern, dann kurz zum Kochen bringen ➟ bei schwacher Hitze 3 bis 4 Minuten köcheln lassen, dann mit einer Gabel die Maiskörner etwas zerdrücken ➟ Suppe in eine Servierschüssel geben und mit Koriander garnieren.

❁❁❁❁❁❁❁❁❁❁❁

# Gemüsesuppe

## Zutaten:

2 Tassen Wasser und 2 Tassen Brühe
1 Stück Hühnerbrust, in kleine Würfel schneiden
1 Taro oder Kartoffel, schälen und würfeln
ca. 200 g Blumenkohl, zerkleinern
50 g Pilze, zerkleinern
Eine Handvoll grüne Bohnen, zerkleinern
1 Tomate, Haut anritzen, mit kochendem Wasser überbrühen, Haut abziehen und hacken

2 Esslöffel Fischsoße
1 Bund Zitronengras, hacken
Zitronensaft
Prise Zucker
Salz und Pfeffer

## So wird es gemacht:

☺ Wasser und Brühe in einen Topf geben ➟ zum Kochen bringen, dann das Zitronengras dazugeben und 3 bis 4 Minuten brodeln lassen ➟ Hühnerfleisch, Blumenkohl, Taro oder Kartoffel, Pilze, Bohnen und Tomaten dazugeben und 10 bis 15 Minuten köcheln lassen, bis das Fleisch und das Gemüse gar sind ➟ Fischsoße, 1 Esslöffel Zitronensaft und Zucker dazugeben ➟ umrühren und 1 bis 2 Minuten köcheln lassen ➟ salzen und pfeffern ➟ in eine Servierschüssel geben und heiß servieren.

❁❁❁❁❁❁❁❁❁❁

# Hühnersuppe

## Zutaten:

250 bis 300 g Hühnerfleisch, würfeln
1½ Tassen Wasser
2 Tassen Kokosnussmilch (siehe Seite 7)
3 cm Ingwerwurzel, in dünne Streifen schneiden, dann zerkleinern
5 Lauchzwiebeln, hacken
1 kleine Chilischote, Stielansatz abschneiden, der Länge nach halbieren, Samen entfernen und fein hacken
2 bis 3 Esslöffel Fischsoße
Zitronensaft
gehackter Koriander
Salz
Pfeffer

## So wird es gemacht:

☺ Wasser und Kokosnussmilch in einen Topf geben und zum Kochen bringen ➟ Hühnerfleisch dazugeben und köcheln lassen, bis das Fleisch fast gar ist ➟ Ingwerwurzel, Fischsoße und 1 bis 2 Esslöffel Zitronensaft dazugeben ➟ umrühren und abschmecken ➟ köcheln lassen, bis das Fleisch gar ist ➟ in eine Servierschüssel geben, mit Koriander, Lauchzwiebeln und Chili garnieren und heiß servieren.

❁❁❁❁❁❁❁❁❁❁

# Fischsuppe

## Zutaten:

250 g Fischfilets, in Streifen schneiden, dann die Streifen zerkleinern
4 Tassen Wasser und Brühe
1 Bund Zitronengras, hacken
1 kleine Chilischote, Stielansatz abschneiden, der Länge nach halbieren, Samen entfernen und fein hacken
einige Pilze, zerkleinern
2 Esslöffel Fischsoße
2 kleine Tomaten, hacken
2 bis 3 Lauchzwiebeln, hacken
1 bis 2 Esslöffel Zitronensaft
Salz und Pfeffer

## So wird es gemacht:

☺ Wasser und Brühe in einen Topf geben und zum Kochen bringen ➟ Zitronengras dazugeben und bei schwacher Hitze 5 bis 6 Minuten köcheln lassen ➟ Fischsoße und Zitronensaft dazugeben und umrühren, dann zum Kochen bringen ➟ Fischstücke und Pilze dazugeben ➟ bei schwacher Hitze köcheln lassen, bis die Fischstücke gar sind ➟ Tomaten, Chili und Lauchzwiebeln dazugeben und kurz erhitzen ➟ abschmecken und heiß servieren.

# Reisgerichte

In fernöstlichen Ländern wird Reis als Beilage zu Fleisch, Gemüse und Fisch in verschiedenen Varianten serviert.
In Vietnam werden zwei Reissorten verwendet. Der Langkornreis (Gas) und der süße oder klebrige Reis (Xoi Nep)
Man kann die beiden Sorten separat oder mit anderen Zutaten kochen. Einige ausgewählte Rezepte stehen auf den nächsten Seiten.

## Langkornreis (Gas)

Die einfache Art, Langkornreis zu kochen.

### Variante 1

**Zutaten:**

1 Tasse Langkornreis, waschen und abtropfen lassen
1 Teelöffel Salz
2 Tassen Wasser

**So wird es gemacht:**

☺ Reis in einen Topf geben ➟ 2 Tassen kaltes Wasser darüber gießen ➟ Salz dazugeben ➟ kurz aufkochen lassen ➟ auf kleiner Flamme köcheln lassen, bis die Flüssigkeit verdampft und der Reis gar und trocken ist (ca. 20 Minuten) ➟ heiß servieren.

### Variante 2

**Zutaten:**

1 Tasse Langkornreis
1 Teelöffel Salz
2 Esslöffel Öl oder Butter
2 Tassen Wasser

## So wird es gemacht:

☺ Reis mit kaltem Wasser waschen und in einem Sieb abtropfen lassen.

☺ Öl oder Butter in einem Topf erhitzen ➟ Reis dazugeben und unter Rühren 3 bis 4 Minuten anrösten ➟ 2 Tassen kaltes Wasser und Salz dazugeben ➟ umrühren und kurz aufkochen lassen ➟ bei schwacher Hitze 20 bis 25 Minuten garen, bis die Flüssigkeit verdampft und der Reis gar und trocken ist ➟ heiß servieren.

❁❁❁❁❁❁❁❁❁❁

# Variante 3

## Zutaten:

1 Tasse Langkornreis
1 Teelöffel Salz
2 Tassen Hühnerbrühe

## So wird es gemacht:

☺ Diese Variante, wird wie in „Grundrezept-Variante 2“ (siehe Seite 41) beschrieben, gekocht. Statt Wasser wird Hühnerbrühe zum Reis gegeben.

❁❁❁❁❁❁❁❁❁❁

# Milchreis oder klebriger Reis

Genauere Übersetzung „gedämpfter (Xoi) Reis (Nep)“

## Zutaten:

1 Tasse Bruchreis, waschen und abtropfen lassen
2 Tassen Wasser

## So wird es gemacht:

☺ Wasser in einem Topf zum Kochen bringen ➟ Reis dazugeben und ca. 1 Minute brodeln lassen ➟ Reis durch ein Sieb geben und abtropfen lassen, dann wieder in den Topf geben und bei sehr schwacher Hitze und geschlossenem Topf garen, bis der Reis gar und trocken ist ➟ mit einer

Gabel auflockern und heiß servieren.

❁❁❁❁❁❁❁❁❁❁

# Roter Reis

## Zutaten:

2 Tassen Milchreis oder Bruchreis, waschen und abtropfen lassen
3½ Tassen Kokosnussmilch (siehe Seite 7)
4 Esslöffel Zucker
1/2 Teelöffel rote Lebensmittelfarbe

## So wird es gemacht:

☺ Reis und Kokosnussmilch in einen Topf geben ➟ rote Lebensmittelfarbe dazugeben und umrühren ➟ Topf zudecken und kurz zum Kochen bringen, dann bei schwacher Hitze 20 bis 25 Minuten köcheln lassen, bis der Reis gar und trocken ist ➟ vom Herd nehmen ➟ mit einer Gabel auflockern ➟ Zucker darüber streuen und gut vermengen ➟ in eine Servierschale geben und zu Fleischgerichten servieren.

❁❁❁❁❁❁❁❁❁❁

# Reis mit Hähnchen

## Zutaten für den Reis:

2 Tassen Langkornreis, waschen und abtropfen lassen
2 Knoblauchzehen, fein hacken
3 Lauchzwiebeln, nur die weißen Teile hacken
2 Tassen Wasser und 1½ Tassen Brühe
ca. 1½ Teelöffel Salz
etwas Öl

## Zutaten für die Hähnchenmischung:

1 kg Hähnchenfleisch (ohne Knochen), in kleine Würfel schneiden, waschen und abtropfen lassen
1 kleine Dose Pilze, Dose aufmachen, Doseninhalt in ein Sieb geben und die Flüssigkeit auffangen, dann die Pilze halbieren

1 Esslöffel Maisstärke, in der Pilzflüssigkeit auflösen
3 Schalotten, fein hacken
2 Knoblauchzehen, fein hacken
2 Esslöffel Fischsoße
1½ Esslöffel Sojasoße
Salz, Pfeffer und Prise Zucker
Öl

## So wird es gemacht:

### ☺ Hähnchenmischung vorbereiten:

✍ Alle Zutaten, außer den gehackten Schalotten, dem Öl, der aufgelösten Maisstärke und einem Teil der gehackten Knoblauchzehen, in eine Schale geben und gut vermengen ➡ einige Minuten ziehen lassen.

✍ Etwas Öl in einem Topf oder einer Pfanne erhitzen ➡ Schalotten dazugeben und glasig dünsten ➡ Knoblauch untermengen und kurz dünsten ➡ die Hähnchenmischung dazugeben ➡ gut verrühren ➡ kochen lassen (ca. 10 bis 15 Minuten), bis die Fleischstücke gar sind ➡ die aufgelöste Maisstärke (Maismehl) darüber geben ➡ rühren und bei schwacher Hitze 3 bis 4 Minuten köcheln lassen ➡ vom Herd nehmen ➡ einen Teil der Mischung in eine Schale geben und die beiden Teile warm halten.

### ☺ Reis kochen:

✍ Etwas Öl in einem Topf erhitzen ➡ Lauchzwiebeln und Knoblauch dazugeben und dünsten, bis sie Farbe annehmen ➡ Reis dazugeben und gut vermengen, 3 bis 4 Minuten braten ➡ Wasser und Brühe dazugeben ➡ salzen und gut verrühren ➡ zum Kochen bringen, dann bei schwacher Hitze und geschlossenem Topf ca. 15 Minuten köcheln lassen. Zwischendurch umrühren ➡ wenn der Reis trocken ist, mit einer Gabel auflockern, dann den größten Teil der Fleischmischung darüber geben und mit der Gabel gut vermengen ➡ Topf zudecken und 10 Minuten köcheln lassen, bis der Reis gar ist.

☺ Reismischung auf eine Servierplatte geben ➡ in die Mitte eine Mulde drücken ➡ die restliche Fleischmischung erhitzen, in die Mulde geben und heiß servieren.

❁❁❁❁❁❁❁❁❁❁

# Roter Reis mit Krabben

## Zutaten:

2 Tassen gekochter Reis (siehe Grundrezepte, Seite 41 bis 42)
200 bis 250 g Krabbenfleisch
1 mittelgroße Zwiebel, fein hacken
2 Knoblauchzehen, fein hacken
2 Esslöffel Tomatenmark, mit 2 Esslöffeln Fischsoße auflösen
etwas rote Lebensmittelfarbe
Salz und Pfeffer
Öl

## So wird es gemacht:

☺ 2 bis 3 Esslöffel Öl in einem Topf oder einer großen Pfanne erhitzen ➟ Zwiebeln dazugeben und glasig dünsten ➟ Knoblauch dazugeben und kurz dünsten ➟ Krabbenfleisch untermengen und 3 bis 4 Minuten braten ➟ salzen und pfeffern, dann das aufgelöste Tomatenmark und die Lebensmittelfarbe darüber geben und gut vermengen ➟ Reis dazugeben und gut vermengen ➟ in eine Servierschale geben und heiß servieren.

❁❁❁❁❁❁❁❁❁❁

# Reis mit Krabben und Fleisch

## Zutaten:

2 Tassen Bruchreis, waschen und abtropfen lassen
3½ bis 4 Tassen Wasser
1/2 Tasse frisches oder getrocknetes Krabbenfleisch
100 g Fleisch, in kleine Würfel schneiden, waschen und abtropfen lassen
1 Gewürzwurst (am besten chinesische Wurst), in Streifen schneiden, dann würfeln
1/2 Esslöffel Fischsoße
1 Esslöffel Sojasoße
2 Schalotten, hacken

2 Lauchzwiebeln, hacken
Pfeffer
Prise Zucker
Öl

## So wird es gemacht:

☺ Wasser in einem Topf zum Kochen bringen ➟ Reis dazugeben und ca. 1 Minute brodeln lassen ➟ Reis durch ein Sieb geben und abtropfen lassen, dann wieder in den Topf geben und bei sehr schwacher Hitze und geschlossenem Topf garen, bis der Reis gar und trocken ist ➟ mit einer Gabel auflockern. In der Zwischenzeit die restlichen Zutaten kochen.

☺ Falls man getrocknetes Krabbenfleisch verwendet:

Krabben in einen Topf geben und mit Wasser bedecken ➟ kurz zum Kochen bringen, dann bei schwacher Hitze ca. 20 Minuten köcheln lassen ➟ in ein Sieb geben und abtropfen lassen, danach zerkleinern.

☺ Frisches Krabbenfleisch zerkleinern und in einen Topf geben.

☺ Etwas Öl in einer Pfanne erhitzen ➟ Fleischwürfel dazugeben, salzen, pfeffern und braten, bis sie braun werden ➟ zu den Krabben geben.

☺ Das überschüssige Öl aus der Pfanne entfernen ➟ die zerkleinerte Wurst dazugeben und braten ➟ mit einer Gabel zerdrücken und zu den Krabben geben.

☺ In der gleichen Pfanne die zerkleinerten Schalotten glasig dünsten ➟ Lauchzwiebeln dazugeben und kurz dünsten, dann Krabben, Fleisch, Wurst, Sojasoße, Fischsoße, Pfeffer und Zucker darüber geben und gut vermengen ➟ 3 bis 4 Minuten garen.

☺ Reis zur Krabbenmischung geben (oder umgekehrt) und gut vermengen ➟ in eine runde flache Form geben, mit einem Löffel pressen und heiß servieren.

# Gekochter Reis mit Ei

## Zutaten:

2 Tassen gekochter Reis (siehe Seite 41-42)
1 bis 2 Knoblauchzehen, fein hacken
1 Ei, aufschlagen, in ein Glas geben und verrühren
Öl

## So wird es gemacht:

☺ Etwas Öl in einer großen Pfanne erhitzen ➟ Knoblauch dazugeben und kurz dünsten ➟ Herdtemperatur auf mittlere Hitze stellen ➟ Reis dazugeben, gut vermengen und 7 bis 8 Minuten braten ➟ Temperatur reduzieren ➟ Reis in die Pfanne häufen und in die Mitte eine Mulde drücken ➟ Ei in die Mulde geben und mit einer Gabel mit dem Reis gut vermengen ➟ einige Minuten erhitzen, bis das Ei gestockt ist ➟ heiß mit Chilisoße oder einer anderen Soßenart servieren.

❁❁❁❁❁❁❁❁❁❁

# Gekochter Reis mit Krabben

## Zutaten:

3 Tassen gekochter Reis ( siehe Seite 41-42 )
200 bis 250 g Krabbenfleisch, zerkleinern
1 Ei, aufschlagen, in ein Glas geben und verrühren
1 bis 2 Knoblauchzehen, fein hacken
3 Lauchzwiebeln, hacken
1 bis 2 Schalotten, hacken
Salz und Pfeffer
Öl

## So wird es gemacht:

☺ Etwas Öl in einer großen Pfanne erhitzen ➟ Schalotten dazugeben und glasig dünsten ➟ Krabben dazugeben ➟ salzen, pfeffern und 4 bis 5 Minuten braten ➟ aus der Pfanne nehmen und beiseite stellen.

☺ Lauchzwiebeln kurz dünsten und beiseite stellen.

☺ Eier braten, dabei mit einen Holzlöffel umrühren und zerkleinern ➟ salzen, pfeffern und beiseite stellen.
☺ Knoblauch dünsten, bis er Farbe annimmt ➟ Reis dazugeben und gut vermengen ➟ 5 bis 6 Minuten braten, dann nach und nach die Krabben dazugeben und gut vermengen, dann die Schalotten und die Eier, gut vermengen und bei schwacher Hitze ca. 5 Minuten erhitzen ➟ heiß mit Soßen servieren.

# Gekochter Reis mit Gemüse

## Zutaten:

250 g verschiedene Gemüsesorten (z.B. Erbsen, Bohnen, Blumenkohl....), zerkleinern, waschen und abtropfen lassen
4 Tassen gekochter Reis (siehe Seite 41 und 42)
einige getrocknete chinesische Pilze, in Wasser einweichen, pressen und zerkleinern
1 kleine scharfe Chilischote, Stielansatz abschneiden, der Länge nach halbieren, Samen entfernen und fein hacken
3 Lauchzwiebeln, fein hacken
2 Knoblauchzehen, mit etwas Salz zerdrücken
1/4 Teelöffel Fünfgewürze (siehe Seite 12)
1 Esslöffel Sojasoße
2 Eier, aufschlagen, in ein Glas geben und verrühren
Salz und Pfeffer
1 bis 2 Esslöffel Sesamöl
Öl

## So wird es gemacht:

☺ Etwas Öl in einer großen Pfanne erhitzen ➟ Gemüse, Knoblauch und Pilze dazugeben und 3 bis 4 Minuten braten ➟ Eier unter ständigen Rühren darüber geben und solange weiterrühren, bis die Eier mit der Mischung gut vermengt und etwas gestockt sind ➟ Reis dazugeben und gut vermengen ➟ Salz, Pfeffer, Fünfgewürze, Sesamöl und Sojasoße darüber geben und gut vermengen ➟ einige Minuten braten, bis der Reis heiß wird ➟ in eine Servierschale geben, mit Lauchzwiebeln und gehacktem Chili garnieren und heiß servieren.

❁❁❁❁❁❁❁❁❁❁

# Gedämpfte Reiskekse

## Zutaten für den Teig:

2 Tassen Reismehl
1/4 Tasse Mehlstärke (Tapioka- oder Maismehl)
Salz
Wasser (ca. 4 Tassen)

## Zutaten für die Füllung:

200 g Hackfleisch
150 g Krabben, schälen und halbieren
2 Knoblauchzehen, fein hacken oder mit etwas Salz zerdrücken
1 Esslöffel Fischsoße
3 kleine Schalotten, hacken
3 Lauchzwiebeln, hacken
Salz und Pfeffer

## Zutaten zum Einwickeln:

Bananenblätter oder Silberpapier

## So wird es gemacht:

### ☺ Füllung vorbereiten:

✎ Hackfleisch, Krabben, Lauchzwiebeln, Fischsoße, Salz und Pfeffer in eine Schale geben, gut vermengen und beiseite stellen.

✎ Etwas Öl in einer Pfanne erhitzen ➟ Knoblauch und Schalotten dazugeben und glasig dünsten ➟ Fleischmischung mit Marinade dazugeben und 5 bis 6 Minuten braten. Dabei ständig rühren, damit die Fleischstücke sich beim Braten voneinander lösen.

## ☺ Teig vorbereiten:

✍ Alle Zutaten für den Teig in einen Topf geben und gut verrühren ➟ zum Kochen bringen (ca. 5 Minuten). Dabei ständig rühren, damit der Teig weich wird ➟ vom Herd nehmen und 2 bis 3 Minuten weiterrühren.

☺ Alufolie in 10x15 cm große Stücke schneiden, oder Bananenblätter in 15x30 cm große Stücke schneiden ➟ einige Löffel Teig in die Mitte eines Blattes geben und zu einer länglichen Form glätten ➟ Füllung darauf verteilen, dann einige Löffel Teig darauf geben und glätten, dann die beiden Teigformen rundherum mit den Fingern zusammenpressen ➟ gut in Alufolie hüllen. Den restlichen Teig auf die gleiche Art füllen.

☺ Wasser in einem Dampfkochtopf zum Kochen bringen und die gefüllten Alufolien oder Bananenblätter hineingeben und ca. 30 Minuten garen ➟ kalt mit Soßen servieren.

<u>Vermerk:</u>

Um die gefüllte Alufolie zu dämpfen, braucht man keinen extra Dampfkochtopf. Man kann die Reiskekse mit einem normalen Topf und einem Sieb dämpfen (siehe Abbildung 8):

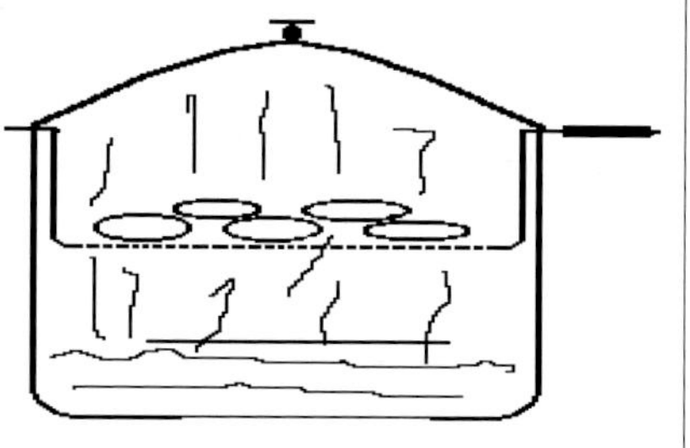

Abb. 8

✍ 1 bis 2 Tassen Wasser in einen Topf geben ➟ Sieb in den Topf hängen (das Sieb darf mit dem Wasser nicht in Berührung kommen) ➟ die gefüllte Alufolie in das Sieb geben ➟ Topf zudecken und Wasser zum Kochen bringen, dann bei mittlerer Hitze dämpfen lassen.

❁❁❁❁❁❁❁❁❁❁

# Reisbällchen in Kokosnussmilch

## Zutaten:

2 Tassen gekochter Klebereis oder Bruchreis
1½ Tassen Kokosnussmilch
3/4 Tasse Zucker
1 Teelöffel Salz
etwas Reismehl

## So wird es gemacht:

☺ Kokosnussmilch, Zucker und Salz in einen Topf geben ➟ umrühren, bis sich der Zucker völlig aufgelöst hat, dabei bei mittlerer Hitze zum Kochen bringen ➟ vom Herd nehmen und beiseite stellen.

☺ Den gekochten Reis zu kleinen Bällchen formen, dabei die Hände mit Reismehl einreiben ➟ in die Kokosnussmischung geben ➟ Topf zudecken und ca. 30 Minuten ziehen lassen ➟ zum Frühstück mit zerkleinerten Mangos servieren.

❁❁❁❁❁❁❁❁❁❁❁

# Gedämpfte Reisbällchen

## Zutaten:

500 g Reismehl, davon ca. ½ Tasse beiseite stellen
1 Teelöffel Salz
1 Tasse kochendes Wasser

## So wird es gemacht:

☺ Mehl und Salz in eine Schale geben und gut vermengen ➟ Wasser nach und nach dazugeben und verrühren ➟ Schale zudecken und 25 bis 30 Minuten stehen lassen.

☺ Topf mit 1 bis 2 Tassen Wasser füllen, und, wie auf Seite 47, Abbildung 5 beschrieben, zum Gebrauch vorbereiten ➟ ein Blatt Alufolie in das Sieb legen.

☺ Reisteig gut durchkneten und zu kleinen Bällchen formen, dabei die Hände mit Mehl einreiben ➟ die Bällchen in das

Sieb geben ➟ Topf zudecken und das Wasser bei mittlerer Hitze kochen lassen ➟ Reisbällchen 10 bis 15 Minuten dämpfen lassen ➟ als Vorspeise oder zum Frühstück mit Wurst servieren.

❁❁❁❁❁❁❁❁❁❁

# Reispfannkuchen

## Zutaten:

1½ Tassen Reismehl
1/4 Tasse Mehlstärke (Maisstärke)
ca. 2½ Tassen Wasser
3 Eier, aufschlagen, in eine Schale geben und verrühren
500 g Krabben, schälen und zerkleinern (man kann auch Krabben und gehacktes Fleisch verwenden)
150 g Bohnensprossen (Sorte nach Belieben), zerkleinern
Einige Pilze, zerkleinern und waschen
1 kleine Zwiebel, halbieren und in hauchdünne Streifen schneiden
1 Schalotte, hacken
2 Lauchzwiebeln, hacken (oder 1 kleinen Sellerie)
1 bis 2 Knoblauchzehen, fein hacken oder mit etwas Salz zerdrücken
1/2 Esslöffel Fischsoße
Salz, Pfeffer und scharfes Paprikapulver (oder ½ kleine Chilischote, fein hacken oder mit den Knoblauchzehen zerdrücken)
Öl, zum Braten

## So wird es gemacht:

☺ Reismehl, Mehlstärke und etwas Salz in eine Schale geben und gut vermengen ➟ Wasser darüber geben und gut verrühren ➟ Teil der Schalotten und Lauchzwiebeln dazugeben und verrühren ➟ Schale zudecken und beiseite stellen.

☺ Krabben in eine Schale geben ➟ Chilipulver, Salz, Pfeffer, Fischsoße, Knoblauch, Lauchzwiebeln, Schalotten, Bohnensprossen, Pilze und Zwiebeln dazugeben und vermengen ➟ kurz ziehen lassen ➟ Öl in einer Pfanne erhitzen ➟ Krabbenmischung dazugeben und gar braten ➟ aus der Pfanne nehmen und beiseite stellen.

☺ Das überschüssige Öl aus der Pfanne nehmen ➟ auf mittlere Hitze stellen ➟ einige Esslöffel Krabbenmischung in die Pfanne geben und dünn verteilen ➟ kurz erhitzen ➟ einige Löffel Reismehlteig darüber geben und verteilen ➟ Pfanne zudecken und ca. 2 Minuten garen ➟ Deckel abnehmen ➟ etwas Ei auf die Pfannkuchen verteilen ➟ Pfanne zudecken und ca. 2 Minuten garen ➟ Deckel abnehmen und die Pfannkuchen umdrehen ➟ Pfanne zudecken und einige Minuten bei schwacher Hitze braten. Der Pfannkuchen muss mehrmals umgedreht werden, damit er knusprig wird. Auf die gleiche Art die restlichen Krabben und den Reismehlteig bearbeiten ➟ mit Soßen und Salatplatte servieren.

> Vermerk: Falls man Hackfleisch verwenden möchte, muss man vorher das Fleisch braten, bis die Flüssigkeit verdampft ist und zu der Krabbenmischung geben.
> Man kann auch die Krabbenmischung erkalten lassen und in den Reisteig geben und gut vermengen.

❁❁❁❁❁❁❁❁❁❁

# Einfache Reisnudeln

## Zutaten:

250 g Reisnudeln (Bun)
3 bis 4 Tassen Wasser

## So wird es gemacht:

☺ Wasser in einem Topf zum Kochen bringen ➟ Nudeln dazugeben und kurz brodeln lassen, dann bei schwacher Hitze ca. 5 Minuten köcheln lassen, bis die Nudeln gar sind ➟ in ein Sieb geben, abtropfen lassen und heiß zu anderen Gerichten servieren.

# Reisnudeln mit Hähnchen

## Zutaten:

250 g Reisnudeln (Bun)
150 g Hähnchenfleisch, würfeln oder in kleine Streifen schneiden
150 bis 200 g Bohnensprossen
1 Esslöffel Tomatenmark
1 Ei, aufschlagen, in ein Glas geben und verrühren
2 Knoblauchzehen, fein hacken
1 Esslöffel Fischsoße
1/2 Esslöffel Sojasoße
1 Teelöffel Zucker
1 Teelöffel zerdrückte Erdnüsse (oder mehr als 1 Teelöffel)
Öl

## So wird es gemacht:

☺ Reisnudeln ca. 30 Minuten in heißes Wasser legen ➟ in ein Sieb geben und abtropfen lassen.

☺ Einige Löffel Öl in einer großen Pfanne erhitzen ➟ Knoblauch dazugeben und braten, bis er Farbe annimmt ➟ Hühnerfleisch dazugeben und ca. 2 Minuten braten ➟ Ei darüber geben, rühren und 1 Minute braten. Dabei umrühren ➟ Reisnudeln und die restlichen Zutaten dazugeben und gut verrühren, dann 4 bis 5 Minuten garen, dabei rühren ➟ heiß servieren. Eventuell mit Zitronenscheiben garnieren.

❁❁❁❁❁❁❁❁❁❁

# Reisnudeln mit Krabben

## Zutaten:

1 Paket Reisnudeln (250 g)
500 g Krabben, schälen und etwas zerkleinern
1/4 Tasse Brühe
4 Lauchzwiebeln, hacken
2 Esslöffel Fischsoße
1/2 Esslöffel Sojasoße
2 bis 3 cm Ingwerwurzel, fein hacken
1 Knoblauchzehe, hacken
einige Pfefferkörner
1 Bund Koriander, Blätter waschen und die zarten Stielenden aufbewahren
1 Teelöffel Zucker
Salz
1/2 Esslöffel Sesamöl

## So wird es gemacht:

☺ Reisnudeln in eine Schale geben und mit heißem Wasser bedecken ➟ ca. 20 Minuten ziehen lassen ➟ in ein Sieb geben und abtropfen lassen. In der Zwischenzeit die anderen Zutaten vorbereiten.

☺ Knoblauch, einige Pfefferkörner, einige Korianderblätter und die Stielansätze mit etwas Salz in einen Mörser geben und zerdrücken.

☺ 2 bis 3 Esslöffel Öl in einem Topf erhitzen ➟ Knoblauchpaste dazugeben und ca. eine halbe Minute dünsten ➟ Ingwerwurzel dazugeben und kurz dünsten ➟ Krabbenfleisch untermengen und 1 Minute garen ➟ Lauchzwiebeln dazugeben, umrühren und beiseite stellen.

☺ Die Brühe in einen kleinen Topf geben ➟ Fischsoße, Sojasoße, Sesamöl, Zucker und ¼ Teelöffel Salz dazugeben und umrühren, bis sich der Zucker aufgelöst hat.

☺ Reisnudeln zu der Krabbenmischung geben und gut vermengen ➟ Soße darüber geben und gut vermengen ➟

Topf zudecken und bei mittlerer Hitze ca. 10 Minuten kochen, bis die Nudeln gar sind ➟ mit Korianderblättern garnieren und heiß servieren.

❁❁❁❁❁❁❁❁❁❁

# Reisfadennudeln mit Bohnensprossen

## Zutaten:

250 g Reisfadennudeln, zerkleinern
2½ bis 3 Tassen Bohnensprossen
50 g getrocknetes Krabbenfleisch, in Wasser einweichen, in ein Sieb geben und abtropfen lassen.
Ersatzweise:
 100 g Krabben, schälen
 100 g Fleisch, in kleine Stücke schneiden waschen und abtropfen lassen
je 2 Esslöffel Fischsoße und Essig
1 Esslöffel Bohnensoße
Saft einer halben Zitrone, oder Saft einer Limette
je 1/4 Tasse Zucker und braunen Zucker
1 Knoblauchzehe, fein hacken
2 kleine Schalotten, hacken
1/2 getrocknete Chilischote, zerdrücken
1 bis 2 lange milde Peperoni, Stielansätze abschneiden, der Länge nach halbieren, Samen entfernen und in dünne Streifen schneiden
1 Bund Lauchzwiebeln, in Ringe schneiden
Öl, zum Braten

## So wird es gemacht:

☺ Öl in einer großen Pfanne erhitzen ➟ die Fadennudeln (jedes Mal eine Handvoll) dazugeben und knusprig braten ➟ auf Papierkrepp verteilen, damit das Öl aufgesaugt wird und beiseite stellen.

☺ Das überschüssige Öl aus der Pfanne entfernen (ca. 2 Esslöffel Öl müssen in der Pfanne bleiben) ➟ Krabben dazugeben und ca. 2 Minuten braten, aus der Pfanne nehmen und beiseite stellen. Falls man Fleisch verwenden möchte, zuerst die Fleischstücke braten und beiseite stellen, dann das Krabbenfleisch.

☺Schalotten in die Pfanne geben und glasig dünsten ➟ Knoblauch dazugeben und kurz dünsten ➟ Essig, Fischsoße, zerdrückte Chili und Zucker dazugeben und umrühren, bis sich der Zucker aufgelöst hat ➟ Bohnensprossen dazugeben und gut vermengen ➟ bei mittlerer bis schwacher Hitze 7 bis 8 Minuten köcheln lassen ➟ Zitronensaft darüber geben und rühren ➟ abschmecken (die Soße muss süß-salzig und sauer schmecken) ➟ Kochtemperatur auf „schwach" reduzieren ➟ Krabben in die Soße geben und gut verrühren ➟ Nudeln dazugeben und mit 2 Holzlöffeln vermengen und ca. 2 Minuten köcheln lassen ➟ wenn die Nudeln gar sind, in eine Servierschale geben, mit Lauchzwiebelringen und Peperonistreifen garnieren und servieren.

# Vegetarische Reisnudelfäden

## Zutaten:

250 g Reisnudelfäden (Vermicelli)
150 g Bohnensprossen, etwas zerkleinern
2 bis 3 Knoblauchzehen, mit etwas Salz zerdrücken
2 bis 3 Lauchzwiebeln, in Streifen schneiden
1 kleiner Sellerie, in Streifen schneiden
ca. 1 Esslöffel Sojasoße
ca. 1 Esslöffel grob gehackter Schnittlauch
1 kleine Chilischote, Stielansatz abschneiden, der Länge nach halbieren, Samen entfernen und hacken
2 Esslöffel Sesamöl, oder andere Ölsorte
gehackte Korianderblätter
Salz

## So wird es gemacht:

☺ Reisnudeln in eine Schale geben ➟ mit heißem Wasser bedecken, salzen und einige Minuten ziehen lassen ➟ in ein Sieb geben und abtropfen lassen.

☺ Öl in einem Topf oder einer großen Pfanne erhitzen ➟ Knoblauchpaste dazugeben und kurz dünsten ➟ Chili dazugeben und kurz dünsten ➟ Sojasoße untermengen und dünsten, dann die Nudeln dazugeben, gut vermengen und dünsten ➟ Lauchzwiebeln, Sellerie und Schnittlauch untermengen und 4 bis 5 Minuten dünsten ➟ in eine Servierschale geben, mit gehackten Korianderblättern garnieren und heiß servieren.

# Reisnudelsuppe mit Hähnchen

## Zutaten:

250 g Reisnudeln
3 Hähnchenkeulen, gar kochen, Brühe durch ein Sieb geben und aufbewahren
3/4 Tasse getrocknete Bambussprossen
1 kleines Glas Bambussprossen, in ein Sieb geben, abtropfen lassen und zerkleinern
1 Esslöffel Fischsoße
1 Esslöffel gehackte Korianderblätter
Salz, zum Abschmecken

## So wird es gemacht:

☺ Hähnchenkeulen zerlegen ➟ Fleisch zerkleinern und warm halten.

☺ Getrocknete Bambussprossen in einen Topf geben und mit Wasser bedecken ➟ 15 bis 20 Minuten brodeln lassen ➟ durch ein Sieb geben, abtropfen lassen und zerkleinern ➟ 1 Tasse Brühe und ca. 3 Tassen Wasser und gekochte Bambussprossen in den Topf geben und über 1 Stunde kochen ➟ durch das Sieb geben und abtropfen lassen.

☺ ca. 4 Tassen Brühe und Wasser zum Kochen bringen ➟ salzen ➟ Fischsoße und die beiden Bambussprossensorten dazugeben, dann bei schwacher Hitze ca. 20 Minuten köcheln lassen ➟ Hühnerfleisch dazugeben und 10 Minuten köcheln lassen. 4 bis 5 Minuten bevor die Suppe fertig ist, die Nudeln kochen.

## ☺ Nudeln kochen:

✎ Reichlich Wasser in einen Topf geben ➟ salzen und zum Kochen bringen ➟ Reisnudeln dazugeben und 4 bis 5 Minuten brodeln lassen, bis die Nudeln gar sind ➟ durch ein Sieb geben und abtropfen lassen.

☺ Gekochte Nudeln in Suppenteller geben ➟ Suppe darüber geben, mit Korianderblättern garnieren und heiß servieren.

❁❁❁❁❁❁❁❁❁❁

# Vietnamesische Nudelsuppe Hanoisuppe

## Zutaten:

250 g Reisnudeln (Banh Pho)
500 g Rindfleisch (im Stück), waschen und abtropfen lassen
350 g Knochen und Ochsenschwanz, beim Schlachter in Stücke schneiden lassen, waschen und abtropfen lassen
100 g Bohnensprossen, in kochendem Wasser blanchieren und beiseite stellen
3 bis 4 Esslöffel Fischsoße
2 bis 3 Lauchzwiebeln, hacken
2 bis 3 Schalotten, halbieren
1 Bund Koriander, Blätter waschen und hacken
ca. 3 cm Ingwerwurzel, halbieren
1 bis 2 Staranis
ca. 2 cm Zimtstange
1 Zwiebel, in hauchdünne Scheiben schneiden
1 Chilischote, Stielansatz abschneiden, der Länge nach halbieren, Samen entfernen und in dünne Streifen schneiden

Salz, zum Abschmecken
Eventuell ein Stück Roastbeef, in hauchdünne Scheiben schneiden

## So wird es gemacht:

☺ 6 bis 7 Tassen Wasser in einen Topf geben ➟ salzen ➟ Fleischstück und Ochsenschwanzstücke oder Knochen dazugeben und zum Kochen bringen ➟ Zimt, Staranis, Ingwerwurzel und Schalotten dazugeben, dann bei mittlerer Hitze das Fleisch 1 bis 1½ Stunden garen. Zwischendurch mit einer Schöpfkelle den Schaum abschöpfen ➟ Fleisch und Ochsenschwanz oder Knochen aus der Suppe nehmen ➟ das Fleisch klein würfeln und warm halten ➟ die Suppe mit Fischsoße und Salz abschmecken und bei schwacher Hitze köcheln lassen. 15 bis 20 Minuten bevor die Suppe fertig ist, Reisnudeln kochen.

☺ Reichlich Salzwasser in einen Topf geben und zum Kochen bringen ➟ Reisnudeln dazugeben und ca. 5 Minuten kochen lassen ➟ in ein Sieb geben und abtropfen lassen ➟ mit kaltem Wasser abschrecken.

☺ Reisnudeln in Suppenschale geben ➟ eine Schicht gekochtes Fleisch auf die Nudeln verteilen, dann etwas Roastbeef, darauf Zwiebeln, Koriander, Bambussprossen und Lauchzwiebeln geben ➟ kochende Suppe darauf gießen und heiß mit Chilistreifen und Fischsoße servieren.

✿✿✿✿✿✿✿✿✿✿

# Reisnudeln mit Fleischbällchen

## Zutaten:

250 g Reisnudeln (Bun)
250 g Krabben, schälen
150 g Garnelenfleisch, zerkleinern
150 g Hackfleisch
2 Esslöffel Fischsoße
3 Lauchzwiebeln, nur die weißen Teile hacken. Die grünen Teile extra hacken und aufbewahren
1 bis 2 Knoblauchzehen, fein hacken oder mit etwas Salz zerdrücken
1/2 Bund Koriander, Blätter waschen und hacken
Salz, Pfeffer und Zucker
2 Tassen Brühe und 4 Tassen Wasser
etwas Öl

## So wird es gemacht:

☺ Hackfleisch einmal durch den Fleischwolf drehen ➟ Krabben dazugeben und 1 bis 2mal drehen, bis eine weiche Fleischpaste entstanden ist ➟ Lauchzwiebeln (nur die gehackten weißen Teile), Knoblauch, 1 Teelöffel Fischsoße, Salz, Pfeffer und Prise Zucker darüber geben und gut vermengen ➟ Garnelenfleisch dazugeben und gut vermengen ➟ Handflächen mit etwas Öl einfetten und aus dem Fleischteig kleine Bällchen formen und beiseite stellen.

☺ Brühe und Wasser in einen Topf geben ➟ salzen und pfeffern ➟ zum Kochen bringen, dann die Fleischbällchen dazugeben und ca. 15 Minuten köcheln lassen ➟ mit Fischsoße abschmecken ➟ Fleischbällchen aus dem Topf nehmen und warm halten. In der Zwischenzeit die Nudeln kochen.

☺ Reichlich Wasser in einem Topf zum Kochen bringen ➟ salzen ➟ Nudeln dazugeben und ca. 5 Minuten garen ➟ in ein Sieb geben und abtropfen lassen, dann mit kaltem Wasser abschrecken.

☺ Die gekochten Nudeln in Servierschüsseln verteilen ➡ Fleischbällchen darauf geben und kochende Brühe darüber gießen ➡ mit Koriander und grünen Lauchzwiebeln garnieren und servieren.

❁❁❁❁❁❁❁❁❁❁❁

# Hähnchensuppe mit Reisblättern

## Zutaten:

1 Hähnchen, waschen und abtropfen lassen
Mehrere frische Reisblätter (siehe Seite 9)
Hühnerbrühe
3 bis 4 Esslöffel Fischsoße
1 Bund Lauchzwiebeln, hacken
1 Bund Koriander, Blätter waschen und hacken
einige eingelegte Knoblauchzehen, in Streifen schneiden
Salz, zum Abschmecken
Pfeffer

## So wird es gemacht:

☺ Hähnchen in Salzwasser halb gar kochen ➡ in ein Sieb geben und abtropfen lassen ➡ Brühe in einem Topf auffangen ➡ Hähnchen im Backofen braten ➡ Hähnchenfleisch vom Knochen lösen, zerkleinern und warm halten.

☺ Brühe durch ein Sieb geben, einige Tassen Wasser dazugeben und zum Kochen bringen ➡ salzen und pfeffern ➡ köcheln lassen ➡ mit Fischsoße oder Salz abschmecken.

☺ Reisblätter in kleine Streifen schneiden ➡ in Servierschüsseln geben ➡ Hähnchenfleisch darauf verteilen, darauf Lauchzwiebeln, einige eingelegte Knoblauchstreifen und etwas Fischsoße geben ➡ heiße Brühe darauf gießen, mit Korianderblättern garnieren und heiß servieren.

❁❁❁❁❁❁❁❁❁❁❁

# Reisnudelsuppe mit Zitronengras

## Zutaten:

500 g Fleisch, in kleine Würfel schneiden, waschen und abtropfen lassen
1 Knochen, waschen
6 bis 7 Tassen Wasser
250 g Reisnudeln (Hun)
2 Esslöffel Fischsoße
1/2 Teelöffel Krabbensoße, mit etwas Wasser verdünnen
1 Bund Zitronengras, Blätter und die Stiele waschen, abtropfen lassen, dann zerkleinern (siehe Seite 12)
1 Esslöffel Tomatenmark, in 1 Tasse Wasser auflösen
Gehackter Koriander
1 Zwiebel oder Schalotte, in feine Streifen schneiden oder fein hacken
3 bis 4 Lauchzwiebeln, in feine Ringe schneiden
Salz
Öl

## So wird es gemacht:

☺ Wasser in einen großen Topf geben und zum Kochen bringen ➟ Fleischstücke und Knochen dazugeben ➟ salzen und ca. 20 Minuten kochen lassen. Dabei mit einer Schaumkelle den Sud abschöpfen ➟ Knochen aus der Brühe nehmen ➟ Zitronengras zu der Brühe geben und kochen lassen, bis die Fleischstücke sehr gar sind ➟ Fleischstücke aus der Brühe nehmen und warm halten ➟ Brühe mit Fischsoße und Salz abschmecken und bei schwacher Hitze köcheln lassen.

☺ Aufgelöstes Tomatenmark und ca. 1 Esslöffel Öl in einen kleinen Topf geben ➟ gut verrühren und kurz zum Kochen bringen, dann bei schwacher Hitze ca. 1 Minute köcheln lassen ➟ zur Suppe geben und umrühren ➟ Krabbensoße dazugeben, gut verrühren und ca. 4 bis 5 Minuten köcheln lassen. 5 Minuten bevor man die Suppe serviert, die Reisnudeln kochen:

🙞 7 bis 8 Tassen Wasser und etwas Salz in einem Topf zum Kochen bringen ➟ Reisnudeln dazugeben und 5 Minuten brodeln lassen ➟ durch ein Sieb geben und abtropfen lassen ➟ mit kaltem Wasser abschrecken und in Suppenservierschüsseln geben.

☺ Fleischstücke auf die Nudeln geben, dann Zwiebelstreifen und gehackte Lauchzwiebeln ➟ Brühe darüber gießen, mit Korianderblättern garnieren und heiß servieren.

❁❁❁❁❁❁❁❁❁❁

# Gemüse- und Fleischgerichte

## Grüne Bohnen mit Ingwer

### Zutaten:

250 g grüne Bohnen, waschen und vierteln
ca. 1 Tasse fein gehackten Kohl
150 ml Kokosnussmilch (siehe Seite 7)
3 bis 4 cm Ingwerwurzel, hacken
1 bis 2 Chilischoten, Stielansätze entfernen, der Länge nach halbieren, Samen entfernen und fein hacken
1 Teelöffel Fischsoße
Öl

### So wird es gemacht:

☺ Ca. 2 Esslöffel Öl in einer großen Pfanne erhitzen ➟ Ingwer und Chili dazugeben und ca. 1 Minute dünsten ➟ Bohnen dazugeben und kurz dünsten ➟ Kokosnussmilch und Fischsoße darüber geben, umrühren und 2 bis 3 Minuten garen ➟ Kohl dazugeben und 3 bis 4 Minuten garen ➟ heiß servieren.

❂❂❂❂❂❂❂❂❂❂❂

## Gebratener Broccoli

### Zutaten:

500 g Broccoli, zerlegen, in kochendem Wasser blanchieren, in ein Sieb geben und abtropfen lassen
2 bis 3 Knoblauchzehen, hacken
1 Esslöffel Sojasoße
1 Esslöffel Bohnensoße
1 Esslöffel Zucker
Öl

## So wird es gemacht:

☺ Öl in einer Pfanne erhitzen ➟ Knoblauch dazugeben und dünsten, bis er Farbe annimmt ➟ Bohnensoße, Sojasoße und Zucker dazugeben und umrühren ➟ Broccoli dazugeben und einige Minuten braten.

✪✪✪✪✪✪✪✪✪✪

# Bohnenpaste (Bohnenquark)
# Dau Khuong

Die Bezeichnung für Bohnenpaste (Bohnenquark) in verschiedenen Sprachen:

| Vietnamesisch | Englisch | Thailändisch |
|---|---|---|
| **Dau Khuong** | **Beancurd** | **Dao Hoo** |

In den meisten asiatischen Lebensmittelläden gibt es verschiedene Sorten Bohnenpaste. Wir haben mehrere Methoden zur Herstellung der Bohnenpaste ausprobiert und die Methode, die am besten geeignet ist, veröffentlicht. Viele Arten zur Herstellung dieser Paste haben nicht die gewünschten Ergebnisse erzielt.

## Zutaten für die Bohnenmilch:

75 g getrocknete Sojabohnen, über Nacht in kaltem Wasser einweichen
1/8 Tasse Essig
2 Tassen Wasser

## Zutaten für die Paste:

300-350 g getrocknete Sojabohnen, über Nacht in Wasser einweichen
8 Tassen Wasser

## So wird es gemacht:

Zum Herstellen der Bohnenpaste braucht man viel Zeit. Man kann fertige Bohnenpaste in vietnamesischen und chinesischen Lebensmittelläden kaufen.

☺ Die eingelegten 75 g Bohnen mit der Handoberflächen

reiben, damit sich die Schalen lösen und man sie entfernen kann ➟ diesen Arbeitsschritt mehrmals wiederholen, bis alle Schalen entfernt sind ➟ Bohnen waschen, durch ein Sieb geben und abtropfen lassen.

🙰 Bohnen und 2 Tassen Wasser in eine Küchenmaschine geben und pürieren

🙰 Bohnenbrei nach und nach in ein flüssigkeitsdurchlässiges Tuch geben und wringen, damit nur die Bohnenmilch abtropfen kann ➟ Bohnenmilch in einem Topf auffangen.

☺ Die aufgefangene Bohnenmilch zum Kochen bringen ➟ wenn die Flüssigkeit anfängt zu kochen, Essig dazugeben, vom Herd nehmen und über Nacht stehen lassen.

☺ Die eingelegten 300 g Bohnen, wie oben beschrieben, pürieren und den Bohnenbrei nach und nach in ein flüssigkeitsdurchlässiges Tuch geben und wringen, damit nur die Bohnenmilch abtropfen kann ➟ Bohnenmilch in einem großen Topf auffangen.

☺ Einen Teil der Bohnenmilch beiseite stellen ➟ Bohnenmilch zum Kochen bringen, dabei umrühren, damit die Milch nicht überkochen kann, nach einigen Sekunden die restliche Bohnenmilch dazugeben und umrühren ➟ wenn die Flüssigkeit anfängt zu kochen, die Bohnenmilch-Essig-Mischung dazugeben. Nicht mehr rühren, und die Herdplatte ausschalten ➟ in dem Topf entsteht jetzt die Bohnenpaste (weiße Mischung bedeckt dann die Oberfläche).

☺ Ein flaches Sieb mit einem Geschirrtuch bedecken ➟ die noch flüssige Bohnenpaste mit einem Löffel abschöpfen und in das Sieb geben und gleichmäßig verteilen ➟ ein Geschirrtuch darauf legen, dann ein rundes Holzbrett oder ähnliches darauf legen und mit einem Gewicht (z.B. einer Schüssel mit Wasser) beschweren, damit presst man die Flüssigkeit aus der Bohnenpaste ➟ Bohnenpaste beiseite stellen und erkalten lassen ➟ die kalte Bohnenpaste aus dem Sieb nehmen und in handliche Stück teilen ➟ eine Schale mit kaltem Wasser füllen ➟ Bohnenpaste dazugeben und in den Kühlschrank stellen.

Vermerk: Man kann die Bohnenpaste sofort verwenden oder einige Tage im Kühlschrank aufbewahren.

# Gefüllte Tomaten mit Bohnenpaste

## Zutaten:

4 bis 5 feste Tomaten (Man kann auch andere Gemüsesorten, die zum Füllen geeignet sind, verwenden)
Stück Bohnenpaste (ca. 100 g), mit einer Gabel oder einem Löffel zerdrücken
einige Glasnudeln, ca. 20 Minuten mit heißem Wasser bedecken, in ein Sieb geben, abtropfen lassen und zerkleinern
1 kleiner Porree, hacken, waschen und abtropfen lassen
einige Pilze, hacken
Salz, Pfeffer und Prise Zucker
Öl

## So wird es gemacht:

☺ Rund um die Tomatenstiele einen Deckel abschneiden ➟ Tomateninneres mit einem Löffel aushöhlen.
☺ Alle anderen Zutaten (außer Öl) in eine Schale geben und gut vermengen ➟ Tomaten damit füllen.
☺ Öl in einer Pfanne erhitzen ➟ Gefüllte Tomaten in das Öl geben, zuerst an den gefüllten Seiten braten, dann rundherum gar braten ➟ heiß mit Soßen servieren.

❂❂❂❂❂❂❂❂❂❂❂

# Gefüllte Tomaten mit Fleisch

## Zutaten:

4 bis 5 feste Tomaten (nicht sehr reif), um die Stielansätze runde Deckel schneiden, mit einem Löffel aushöhlen und das Tomateninnere beiseite stellen
150 bis 200 g Hackfleisch
1 Schalotte, fein hacken
2 Lauchzwiebeln, fein hacken
1 Esslöffel fein gehackte Zwiebeln
1 Esslöffel Fischsoße

je 1 Prise Pfeffer und Zucker
Öl

## Zutaten für die Soße:

1 Esslöffel Tomatenmark
1 Knoblauchzehe, fein hacken oder zerdrücken
Das beiseite gestellte Tomatenfleisch und die abgeschnittenen Deckel in ca. 1/4 Tasse Wasser geben, gut verrühren, kurz aufkochen, dann durch ein Sieb geben und die Flüssigkeit auffangen, die im Sieb befindlichen Reste mit einen Löffel pressen und mit Wasser vermischen
1 Esslöffel Sojasoße
1 Esslöffel Fischsoße
1 Esslöffel Zucker
Öl

## So wird es gemacht:

☺ Die Soße zum Kochen der Tomaten vorbereiten:

🙯 Etwas Öl in einer Pfanne erhitzen ➟ Knoblauch dazugeben und kurz dünsten ➟ Tomatenmark dazugeben und kurz erhitzen ➟ Wasser-Tomatensaft-Mischung und die restlichen Zutaten für die Soße dazugeben ➟ gut verrühren ➟ 1 bis 2 Minuten köcheln lassen ➟ mit Fischsoße abschmecken und beiseite stellen.

☺ Tomatenfüllung vorbereiten und die Tomaten füllen:

🙯 Hackfleisch und alle anderen Zutaten für die Füllung (außer Öl) in eine Schale geben und gut vermengen ➟ Füllung in die Tomaten geben und pressen.

☺ Öl in einer großen Pfanne oder einem Topf erhitzen ➟ die gefüllten Tomaten mit der offenen Seite nach unten in das Öl geben und einige Minuten braten, dann drehen und rundherum braten ➟ Tomatensoße darüber geben ➟ Pfanne zudecken und kurz zum Kochen bringen, dann bei schwacher Hitze einige Minuten köcheln lassen ➟ gefüllte Tomaten in eine Servierschüssel geben ➟ Soße darüber geben, mit Koriander garnieren und heiß mit Reis servieren.

✪✪✪✪✪✪✪✪✪✪

# Bohnenpaste mit Bambussprossen

## Zutaten:

Stück gesalzene Bohnenpaste (100 g), mit einer Gabel zerdrücken (diese Sorte bekommt man in manchen asiatischen Lebensmittelläden). Ersatzweise normale Bohnenpaste
1 große Dose Bambussprossen, Bambussprossen in ein Sieb geben, abtropfen lassen und zerkleinern
ca. 100 g Krabben- oder Garnelenfleisch
100 bis 150 g frische Pilze, zerkleinern, waschen und abtropfen lassen
2 Schalotten, hacken
2 Knoblauchzehen, mit etwas Salz zerdrücken
1 Chilischote, Stielansatz abschneiden, der Länge nach halbieren, Samen entfernen und hacken
1 bis 2 Lauchzwiebeln, hacken
2 Esslöffel Sesamöl
Salz und Pfeffer
Öl

## So wird es gemacht:

☺ Etwas Öl in eine Pfanne geben und erhitzen ➡ Schalotten dazugeben und dünsten, bis sie Farbe annehmen ➡ aus der Pfanne nehmen und beiseite stellen.
☺ In der gleichen Pfanne die Knoblauchpaste und die Bohnenpaste ca. 1 Minute dünsten ➡ Bambussprossen, Krabben und Pilze untermengen ➡ salzen und pfeffern ➡ 3 bis 4 Minuten braten ➡ Sesamöl dazugeben und umrühren ➡ auf einen Servierteller geben ➡ mit gedünsteten Schalotten, Chili und Lauchzwiebeln garnieren und heiß servieren.

✪✪✪✪✪✪✪✪✪✪✪

# Bohnenpaste mit Kokosnuss

## Zutaten:

1 Tasse Kokosnussmilch (sieh Seite 7) mit ca. ½ Tasse Wasser vermengen
350 bis 400 g Bohnenpaste, in ca. 3 cm Stücke schneiden
Eine Handvoll grüne Bohnen oder frische Erbsen, zerkleinern
1 Stange Porree oder Sellerie, in feine Streifen schneiden, waschen und abtropfen lassen
1 Tasse zerkleinerter Broccoli oder Blumenkohl
1 Esslöffel Sojasoße
Salz
Pfeffer
Öl

## So wird es gemacht:

☺ Öl in einer Pfanne erhitzen ➡ Bohnenpaste dazugeben und braun braten ➡ aus der Pfanne nehmen, Öl abtropfen lassen und beiseite stellen.
☺ Das überschüssige Öl aus der Pfanne entfernen ➡ Porree oder Sellerie dazugeben und dünsten, dann die Broccolistücke oder den Blumenkohl und die Bohnen oder Erbsen untermengen und braten ➡ die gebratenen Bohnenpaste-Stücke dazugeben ➡ rühren ➡ die restlichen Zutaten dazugeben ➡ umrühren ➡ abschmecken ➡ Pfanne zudecken und 10 bis 15 Minuten köcheln lassen, bis das Gemüse gar ist ➡ heiß mit Reis, Soßen und Salatplatte servieren.

# Blumenkohl mit Pilzen

## Zutaten:

100 g Fleisch, in dünne Streifen schneiden, dann die Streifen in 2 cm dünne Stücke schneiden, waschen, abtropfen lassen und in eine Schüssel geben
1/2 kleinen Blumenkohlkopf, zerlegen, zerkleinern, waschen und abtropfen lassen
1 lange milde Peperoni, Stielansatz abschneiden, der Länge nach halbieren, Samen entfernen und in kleine Streifen schneiden
1 kleine Dose Pilze, Dose aufmachen, Pilze durch ein Sieb geben, abtropfen lassen, die Flüssigkeit auffangen und beiseite stellen, dann die Pilze in Streifen schneiden
1 Knoblauchzehe, fein hacken, oder mit etwas Salz zerdrücken
1 Schalotte, vierteln
1 Esslöffel Fischsoße
1 Teelöffel Sojasoße
1 bis 2 Teelöffel Maisstärke (Maismehl)
Salz
Pfeffer
Prise Zucker
1 Bund Koriander, Blätter waschen
Öl

## So wird es gemacht:

☺ 1/2 Esslöffel Fischsoße, Pfeffer und etwas Salz über die Fleischstücke geben ➡ gut vermengen und beiseite stellen.
☺ Maisstärke, 1/2 Esslöffel Fischsoße, Pfeffer, Prise Zucker und Sojasoße zu der Pilzflüssigkeit geben und gut verrühren.
☺ 2 bis 3 Esslöffel Öl in einer großen Pfanne erhitzen ➡ Fleischstücke dazugeben und braten, bis sie Farbe annehmen ➡ aus der Pfanne nehmen und beiseite stellen.
☺ In der gleichen Pfanne Schalotten dünsten. Eventuell Öl dazugeben ➡ Knoblauch untermengen und kurz dünsten ➡ Peperoni und Blumenkohl dazugeben ➡ gut vermengen ➡ 3

bis 4 Minuten braten, dann die Pilze und die gebratenen Fleischstücke dazugeben ➟ Maisstärkemischung darüber geben und verrühren ➟ köcheln lassen, bis die Soße dicker wird. Dabei umrühren ➟ in eine Servierschüssel geben ➟ mit Korianderblättern garnieren und heiß servieren.

❂❂❂❂❂❂❂❂❂❂❂

# Gedünstete Champignons mit Fleisch

## Zutaten:

250 g frische Champignons, in Streifen schneiden, waschen und abtropfen lassen
150 g Fleisch, in dünne Streifen schneiden, dann die dünnen Stücke schneiden, waschen und abtropfen lassen
1 Zwiebel, in der Mitte schneiden, dann in dünne Streifen schneiden
1 Schalotte, in dünne Streifen schneiden
1 Knoblauchzehe, fein hacken
1 Esslöffel Fischsoße
Salz
Pfeffer
etwas Wasser
Öl

## So wird es gemacht:

☺ Öl in einer großen Pfanne erhitzen ➟ Knoblauch dazugeben und dünsten, bis er Farbe annimmt ➟ Zwiebeln und Schalotten dazugeben und glasig dünsten ➟ Fleischstücke dazugeben ➟ salzen und pfeffern ➟ 2 bis 3 Minuten braten, bis sie Farbe annehmen ➟ Champignons dazugeben und 1 bis 2 Minuten dünsten ➟ Fischsoße, 2 bis 3 Esslöffel Wasser und Pfeffer darüber geben und gut vermengen ➟ ca. 2 Minuten köcheln lassen ➟ abschmecken und heiß mit Reis servieren.

❂❂❂❂❂❂❂❂❂❂❂

# Champignons mit Kokosnussmilch

## Zutaten:

2½ Tassen Kokosnussmilch (siehe Seite 7)
1/2 Tasse Kokosnusspaste (siehe Seite 7)
500 g Fleisch, in kleine Würfel schneiden, waschen und abtropfen lassen
500 g kleine Kartoffeln, schälen und vierteln
1 Zwiebel, hacken
1 Esslöffel Fischsoße
4 bis 5 Kardamomkapseln, nur anschneiden
Zimtstange
3 bis 4 Esslöffel Erdnüsse, grob zerdrücken
1 Esslöffel brauner Zucker
Zitronen- oder Limettensaft

## Zutaten für die Knoblauchpaste:

1 Knoblauchzehe, zerkleinern
ca. 2 cm Ingwerwurzel, hacken
1/4 Chilischote, hacken
einige geröstete Pfefferkörner, Kümmelsamen, Nelken und Koriandersamen
Prise Salz

## So wird es gemacht:

☺ Alle Zutaten für die Knoblauchpaste in einen Mörser geben und zerdrücken, oder in einer Küchenmaschine zu einer Paste verarbeiten.
☺ Kokosnussmilch in einem Topf bei mittlerer Hitze zum Kochen bringen ➟ Fleischstücke dazugeben und gar kochen.
☺ Kokosnusspaste in einen kleinen Topf geben und langsam zum Kochen bringen, dann bei schwacher Hitze 7 bis 8 Minuten köcheln lassen ➟ Knoblauchpaste dazugeben und gut vermengen ➟ 2 bis 3 Minuten köcheln lassen, dann zu der Kokosnuss-Fleischmischung geben und gut vermengen

➟ Fischsoße, Kardamomkapseln, Zimt und Zucker dazugeben und gut verrühren, dann die Kartoffeln dazugeben und fast gar kochen ➟ Zwiebeln und Erdnüsse untermengen und 3 bis 4 Minuten köcheln lassen, bis die Kartoffeln gar sind ➟ mit Zitronensaft abschmecken und heiß servieren.

Vermerk:
Zum besseren Geschmack kann man mit Tamarindeflüssigkeit abschmecken.

✪✪✪✪✪✪✪✪✪✪

# Fleisch in Kokosnusssoße

## Zutaten:

500 bis 600 g Fleisch, in Streifen schneiden, dann die Streifen in Würfel (4 bis 5 cm) zerkleinern (das Fett nicht entfernen)
Wasser einer Kokosnuss. Ersatzweise 1/4 Tasse dünne Kokosnussmilch
2 Tassen Wasser
5 bis 6 Esslöffel Fischsoße
Pfeffer
2 Esslöffel Zucker
1 bis 2 Esslöffel Zuckersirup, dafür muss man vorher Sirup herstellen
1 Esslöffel Zucker
ca. 1/4 Tasse Wasser
Zitronensaft

## So wird es gemacht:

### ☺ Sirup herstellen (Nuon Mau = Gefärbtes Wasser):

✍ Etwas Wasser und Zucker in einen kleinen Topf geben, umrühren und stark erhitzen. Wenn der Zucker dunkler wird, ständig rühren, bis die Zuckerfarbe dunkelbraun ist ➟ vom Herd nehmen ➟ das restliche Wasser dazugeben und gut verrühren, dann einige Minuten köcheln lassen ➟ etwas Zitronensaft darüber geben und rühren ➟ vom Herd nehmen und abkühlen lassen.

☺ Wasser in einen Topf geben und zum Kochen bringen ➟ Fleischstücke dazugeben und kochen lassen ➟ Kokosnusswasser oder Kokosnussmilch dazugeben und bei schwacher Hitze köcheln lassen, bis die Fleischstücke sehr gar sind ➟ Fischsoße, Zucker, Pfeffer und Zuckersirup dazugeben und rühren. Falls viel Wasser verdampft ist, etwas Wasser darüber geben ➟ ca. 10 Minuten köcheln lassen ➟ heiß mit Reis servieren.

✪✪✪✪✪✪✪✪✪✪✪

# Fleisch mit Sellerie

## Zutaten:

200 g Fleisch, in feine kleine Streifen schneiden, waschen und abtropfen lassen
1 große Sellerieknolle, schälen und klein würfeln (Sellerieblätter hacken, waschen und abtropfen lassen)
2 lange milde Peperoni, Stielansätze entfernen, der Länge nach halbieren, Samen entfernen und in Streifen schneiden
1 große Tomate, würfeln
1 Zwiebel, in Streifen schneiden
1 Knoblauchzehe, fein hacken oder mit etwas Salz zerdrücken
1 Esslöffel Fischsoße
1 bis 2 Teelöffel Zucker
1 Esslöffel Maisstärke ( Maismehl )
1 Teelöffel Essig
Pfeffer
Öl

## So wird es gemacht:

☺ Fleischstücke in eine Schüssel geben ➟ etwas Fischsoße und Pfeffer darüber geben, gut vermengen und 30 Minuten ziehen lassen.

☺ Öl in einer großen Pfanne erhitzen ➟ Knoblauch dazugeben und kurz dünsten ➟ Fleisch dazugeben und braten, bis es Farbe annimmt.

☺ Die restliche Fischsoße, Essig, Zucker und Maisstärke in ¼

Tasse Wasser auflösen ➡ zum Fleisch geben und umrühren ➡ 2 bis 3 Minuten köcheln lassen ➡ heiß mit Reis servieren.

✪✪✪✪✪✪✪✪✪✪✪

# Fleisch mit Kresse

## Zutaten:

2 bis 3 Tassen Kresseblätter, waschen und abtropfen lassen
250 g mageres Fleisch, in Würfel schneiden (1 bis 1,5 cm), waschen und abtropfen lassen
3 bis 4 Knoblauchzehen, hacken
1 Zwiebel, halbieren und in dünne Streifen schneiden
1/2 Esslöffel Fischsoße
Salz
Pfeffer
Prise Zucker
etwas Essig
Öl

## So wird es gemacht:

☺ Fleischstücke in eine Schüssel geben ➡ etwas Knoblauch, Salz, Pfeffer, Prise Zucker, Fischsoße und 1 bis 2 Esslöffel Öl darüber geben ➡ gut vermengen und ca. 1 Stunde ziehen lassen.

☺ Zwiebeln mit ca. 1 Esslöffel Essig vermengen und 10 Minuten ziehen lassen ➡ Zwiebeln mit der Hand pressen und in eine Schale geben ➡ Salz, Pfeffer und etwas Öl dazugeben und gut vermengen, dann die Kresse untermengen und die Mischung auf einem Servierteller verteilen.

☺ 3 bis 4 Esslöffel Öl in einer Pfanne erhitzen ➡ den restlichen Knoblauch dazugeben und kurz dünsten ➡ Fleischstücke mit Marinade dazugeben und braten, bis die Flüssigkeit verdampft ist und die Fleischstücke gar sind ➡ Pfanneninhalt über die Kressemischung geben und servieren.

✪✪✪✪✪✪✪✪✪✪✪

# Fleisch mit Zitronengras

## Zutaten:

250 g Hackfleisch
1 Bund Zitronengras, Blätter und Stiele verwenden, hacken
1/2 Esslöffel getrocknetes Zitronengras, in heißem Wasser für ca. 2 Stunden ziehen lassen, abtropfen lassen und hacken
1 Knoblauchzehe, fein hacken
1 Schalotte, hacken
1 Lauchzwiebel, hacken
1 Esslöffel Zucker
1 Esslöffel Sesamkerne
1 bis 2 Esslöffel Krabbensoße
Pfeffer
Öl

## So wird es gemacht:

☺ Öl in einer Pfanne erhitzen ➟ Schalotten dazugeben und dünsten ➟ Knoblauch und Lauchzwiebeln untermengen und ca. 1 Minute dünsten ➟ Zitronengras dazugeben, umrühren und das Hack dazugeben ➟ gut vermengen, braten bis die Flüssigkeit verdampft ist ➟ Krabbensoße, Sesamkerne, Zucker und Pfeffer dazugeben und gut vermengen ➟ köcheln lassen, bis das Hack gar und trocken ist ➟ heiß oder kalt auf gekochtem Reis servieren.

✪✪✪✪✪✪✪✪✪✪✪

# Fleischbällchen mit Chinakohl

## Zutaten:

500 g Hackfleisch
10 Chinakohlblätter, hacken, waschen und abtropfen lassen
1 Ei, aufschlagen, in ein Glas geben und verrühren
3 Lauchzwiebeln, hacken
2 cm Ingwerwurzel, hacken
1 Esslöffel Sojasoße
1½ Esslöffel Maismehl (Maisstärke)
Salz
Pfeffer
ca. 2 Tassen Brühe
3 bis 4 Esslöffel Sesamöl
Öl, zum Braten

## So wird es gemacht:

☺ Hackfleisch in eine Schüssel geben ➟ 1 Esslöffel Maismehl, Lauchzwiebeln, Ingwerwurzel, Ei, Salz und Pfeffer dazugeben und gut verkneten ➟ zu kleinen Bällchen formen ➟ Öl in einer Pfanne erhitzen ➟ die Fleischbällchen dazugeben und knusprig braten ➟ aus der Pfanne nehmen, abtropfen lassen und beiseite stellen.
☺ Die Hälfte des gehackten Chinakohls in einen Topf geben ➟ gebratene Hackbällchen darüber geben ➟ Sojasoße, Sesamöl und das restliche Mehl zu der Brühe geben und verrühren ➟ über die Bällchen geben ➟ die restlichen Chinakohlblätter darauf geben ➟ Topf zudecken und kurz zum Kochen bringen, dann bei schwacher Hitze köcheln lassen, bis der Kohl gar ist ➟ heiß mit Reis servieren.

# Grillfleisch

## Zutaten:

500 g Fleisch (oder mehr), würfeln, waschen und abtropfen lassen
5 bis 6 Esslöffel Sojasoße
1 Esslöffel Fischsoße
1 Teelöffel Zucker

Zum Servieren:

Verschiedene Soßen (z.B. Chilisoße.....)

## So wird es gemacht:

☺ Sojasoße und Fischsoße in eine Schale geben ➡ Zucker dazugeben und auflösen ➡ Fleisch in die Marinade geben, gut vermengen und 1 bis 2 Stunden ziehen lassen.

☺ Grill mit Holzkohle vorheizen ➡ Fleischstücke auf einen Grillrost legen und gar grillen ➡ heiß mit Soßen servieren.

❂❂❂❂❂❂❂❂❂❂❂

# Gekochte Haxe mit Erdnüssen

## Zutaten:

2 Haxen
1/2 Tasse geröstete Erdnüsse, zwischen den Handflächen reiben, damit die einzelnen Nüsse in zwei Hälften brechen
1 Bund Zitronengras, Blätter und Stiele waschen und hacken
1 Teelöffel Currypulver
1 Esslöffel Zucker
Salz und Pfeffer

## So wird es gemacht:

☺ 3 bis 3½ Tassen Wasser in einen Topf geben und zum Kochen bringen ➡ Haxen, Zitronengras, Salz und Pfeffer dazugeben und brodeln lassen. Zwischendurch mit einem Schaumlöffel den Schaum entfernen ➡ nach ca. 10 Minuten die Kochtemperatur reduzieren ➡ Topf zudecken und ca. 1

Stunde köcheln lassen, bis die beiden Haxen gar sind ➟ Erdnüsse, Zucker und Currypulver dazugeben und gut verrühren ➟ salzen und pfeffern, dann 20 bis 30 Minuten köcheln lassen, bis die Haxen sehr gar sind und der größte Teil des Wassers verdampft ist (ca. 2 Tassen) ➟ heiß mit Reis servieren.

✪✪✪✪✪✪✪✪✪✪

# Gebratene Bohnensprossen mit Fleisch

## Zutaten:

250 g Bohnensprossen
150 g Fleisch, in kleine Würfel schneiden, waschen und abtropfen lassen
50 g Krabbenfleisch, zerkleinern
2 Teelöffel Fischsoße
1 Schalotte, hacken
2 Lauchzwiebeln, hacken
Pfeffer
1 Bund Koriander, Blätter waschen und abtropfen lassen
Öl

## So wird es gemacht:

☺ Fleischstücke in eine Schale geben ➟ 1 Teelöffel Fischsoße und Pfeffer darüber geben ➟ gut vermengen und beiseite stellen.

☺ Krabben in eine Schale geben ➟ 1 Teelöffel Fischsoße und Pfeffer darüber geben ➟ gut vermengen und beiseite stellen.

☺ Öl in einer Pfanne erhitzen ➟ Schalotten dazugeben und glasig dünsten ➟ Lauchzwiebeln dazugeben und kurz dünsten ➟ mariniertes Fleisch dazugeben und braten, bis die Flüssigkeit verdampft ist und die Fleischstücke fast gar sind ➟ marinierte Krabben untermengen und ca. 4 Minuten braten ➟ Bohnensprossen untermengen und ca. 3 Minuten dünsten

➟ in eine Servierschale geben ➟ mit Koriander garnieren ➟ heiß mit Reis servieren.

❂❂❂❂❂❂❂❂❂❂❂

# Gekochtes Fleisch mit Fünfgewürze

## Zutaten:

500 g Fleisch mit etwas Fett, in große Würfel schneiden , waschen und abtropfen lassen
1½ Teelöffel Fünfgewürze (siehe Seite 12)
1 Esslöffel Zucker
2 Esslöffel Fischsoße
2 bis 3 Esslöffel Sojasoße
3 Knoblauchzehen, zerkleinern
2 Schalotten, hacken
1 Lauchzwiebel, hacken
Pfeffer
etwas Wasser
Öl

## So wird es gemacht:

☺ Knoblauch, Fünfgewürze, Zucker, Schalotten und Lauchzwiebeln in einen Mörser geben und zerdrücken ➟ Knoblauch-Schalottenpaste, Sojasoße und Pfeffer in eine Schale geben und gut verrühren.

☺ Öl in eine große Pfanne oder einen Topf geben und erhitzen ➟ Fleischstücke dazugeben und braten, bis sie Farbe annehmen ➟ Gewürzmischung darüber geben ➟ Pfanne oder Topf zudecken und bei schwacher Hitze 10 bis 15 Minuten köcheln lassen. Zwischendurch wenden ➟ ca. ¼ Tasse Wasser darüber geben und köcheln lassen, bis etwas Flüssigkeit im Topf übrig bleibt und das Fleisch gar ist ➟ Fleisch zerkleinern ➟ in eine Servierschüssel geben ➟ die restliche Soße darüber gießen und heiß mit Reis servieren.

❂❂❂❂❂❂❂❂❂❂❂

# Fleisch in Tomatensoße

## Zutaten:

500 g Fleisch, in dünne Streifen schneiden, waschen und abtropfen lassen
2 Tomaten, Haut anritzen, mit kochendem Wasser überbrühen, Haut abziehen und Tomaten zerkleinern
1/2 Esslöffel Tomatenmark
2 Esslöffel Sojasoße
1 bis 2 Esslöffel Fischsoße
1 bis 2 Knoblauchzehen, hacken
3 Esslöffel Zucker
1/2 Tasse Wasser
Öl, zum Braten

## So wird es gemacht:

☺ Tomaten und ½ Tasse Wasser in einen kleinen Topf geben und kurz zum Kochen bringen ➡ Tomatenstücke mit einer Gabel zerdrücken, dann Topfinhalt durch ein Sieb geben und abtropfen lassen ➡ Flüssigkeit auffangen und die restlichen Tomaten, die sich im Sieb befinden, mit einem Löffel pressen, damit die restlichen Säfte abtropfen können ➡ Fischsoße, Sojasoße, Zucker und Tomatenmark zu der Flüssigkeit geben und gut verrühren ➡ beiseite stellen.

☺ Öl in einem Topf erhitzen und die Fleischstücke dazugeben und braten, bis sie Farbe annehmen und die Flüssigkeit verdampft ist ➡ Tomatensaftmischung darüber geben und 10 bis 15 Minuten köcheln lassen, bis die Soße dicker wird ➡ mit Fischsoße abschmecken ➡ heiß mit Reis servieren.

# Fleisch mit Broccoli und Sellerie

## Zutaten:

200 g Fleisch, in Streifen schneiden, dann die Streifen in dünne Stücke schneiden, waschen und abtropfen lassen
100 bis 150 g Broccoli, zerkleinern
1 Sellerieknolle, in dünne Streifen schneiden
2 lange milde Peperoni, Stielansätze entfernen, der Länge nach halbieren, Samen entfernen und in Streifen schneiden
1 kleine Zwiebel, in dünne Streifen schneiden
1 Tomate, halbieren und in Streifen schneiden
1 Lauchzwiebel, hacken
1 bis 2 Knoblauchzehen, hacken
1 Teelöffel Sojasoße
je 1 Teelöffel Fischsoße und Krabbensoße
2 Teelöffel Maisstärke
Pfeffer
Öl

## So wird es gemacht:

☺ 1/2 Tasse Wasser mit Fischsoße, Sojasoße, Krabbensoße und Maisstärke gut verrühren und beiseite stellen.
☺ Fleischstücke mit Pfeffer, etwas gehacktem Knoblauch und einem Teelöffel Fischsoße vermengen und beiseite stellen.
☺ Etwas Öl in einer großen Pfanne erhitzen ➡ Lauchzwiebeln dazugeben und dünsten ➡ Knoblauch dazugeben und kurz dünsten ➡ Fischstücke untermengen und braten, bis sie Farbe annehmen ➡ Broccoli dazugeben ➡ etwas Wasser darüber geben, gut vermengen und 2 bis 3 Minuten kochen lassen ➡ die restlichen Zutaten (außer dem Wassergemisch) dazugeben und gut vermengen ➡ einige Minuten dünsten, dann das Wassergemisch darüber geben ➡ Pfanne zudecken und 5 bis 7 Minuten köcheln lassen ➡ mit Fischsoße abschmecken und heiß servieren.

# Eier- und Geflügelgerichte

## Eier mit Fleisch

### Zutaten:

4 Eier, aufschlagen, in eine Schale geben und verrühren
50 g Hackfleisch
2 Bambussprossen, zerkleinern
1 Knoblauchzehe, hacken oder zerdrücken
1 Teelöffel Fischsoße
Pfeffer
Prise Zucker
Öl, zum Braten

### So wird es gemacht:

☺ Bambussprossen, Hackfleisch, Knoblauch, Fischsoße und Prise Zucker in eine Schale geben und gut vermengen ➡ Eier darüber geben ➡ rühren ➡ 2 bis 3 Esslöffel Öl in einer Pfanne erhitzen ➡ eine Kelle Eimischung dazugeben und braten, bis der Rand braun wird, dann drehen und einige Minuten weiter braten ➡ heiß servieren.

**********

## Eier mit Knoblauch und Lauchzwiebeln

### Zutaten:

3 Eier, aufschlagen, in eine Schale geben und verrühren
2 Knoblauchzehen, hacken
1 Lauchzwiebel, fein hacken
1/2 Esslöffel Fischsoße
Pfeffer
1/2 Tasse Wasser
etwas Öl

## So wird es gemacht:

☺ Etwas Öl in einer Pfanne erhitzen und den Knoblauch dazugeben und dünsten, bis er Farbe annimmt ➟ aus der Pfanne nehmen und beiseite stellen.
☺ Eier, Lauchzwiebeln, Fischsoße und Pfeffer in eine Schale geben und gut vermengen.
☺ Wasser in einen Topf oder eine Pfanne geben und zum Kochen bringen ➟ Eimischung dazugeben ➟ Topfdeckel in ein Geschirrtuch wickeln und den Topf zudecken, dann bei schwacher Hitze ca. 15 Minuten köcheln lassen, bis das Eigemisch gestockt ist.

**********

# Eier mit Champignons

## Zutaten:

3 bis 4 Eier, aufschlagen, in eine Schale geben und verrühren
Frische Champignons, oder eine andere Pilzsorte (Menge nach Belieben), in Streifen schneiden, waschen und abtropfen lassen
1 kleine Zwiebel, in dünne Streifen schneiden
1 Teelöffel Fischsoße
1/2 Esslöffel Wasser
Pfeffer
Öl

## So wird es gemacht:

☺ Eier, Fischsoße und Wasser in eine feuerfeste Schale geben und gut verrühren.
☺ Etwas Öl in eine Pfanne geben und erhitzen ➟ Zwiebeln dazugeben und glasig dünsten ➟ Pilze untermengen ➟ pfeffern ➟ ca. 2 Minuten dünsten ➟ aus der Pfanne nehmen ➟ abkühlen lassen und zum Eigemisch geben und verrühren ➟ wie auf Seite 50, Abbildung 5 beschrieben, in einem Topf 6 bis 7 Minuten dämpfen (siehe Seite 50).

# Eier mit Zwiebeln

## Zutaten:

3 Eier, aufschlagen, in eine Schale geben und verrühren
1 kleine Zwiebel, hacken
1 bis 2 Lauchzwiebeln, hacken
1 Knoblauchzehe, fein hacken
3 Esslöffel Hackfleisch
1 bis 2 Teelöffel Fischsoße
Pfeffer
Öl

## So wird es gemacht:

☺ Eier, Fischsoße, Pfeffer und 1 Esslöffel Wasser zusammen verrühren.

☺ Öl in einer Pfanne erhitzen ➟ Zwiebeln dazugeben und glasig dünsten ➟ Lauchzwiebeln dazugeben und kurz dünsten, dann den Knoblauch untermengen und kurz dünsten ➟ Hackfleisch dazugeben und braten, bis es Farbe annimmt ➟ Eigemisch darüber geben, umrühren und braten, bis die Oberfläche gestockt ist ➟ drehen und 2 bis 3 Minuten braten ➟ heiß mit Reis und Soßen servieren.

❄❄❄❄❄❄❄❄❄❄

# Eier mit Kohl

## Zutaten:

1/2 Kohlkopf, zerlegen, zerkleinern, waschen und abtropfen lassen
2 Eier, aufschlagen, in eine Schale geben und verrühren
1 Knoblauchzehe, fein hacken oder zerdrücken
1 bis 2 Teelöffel Fischsoße
Salz
Pfeffer
Öl

## So wird es gemacht:

☺ Fischsoße und Pfeffer zu den Eiern geben und gut verrühren.

☺ Etwas Öl in einer Pfanne erhitzen ➟ Knoblauch dazugeben und kurz dünsten ➟ Kohl dazugeben, 1 bis 2 Esslöffel Wasser darüber geben und dünsten, bis die Blätter weich sind ➟ salzen und pfeffern ➟ Eier darüber geben, gut vermengen und bei schwacher Hitze dämpfen lassen, bis die Eier gestockt sind ➟ abschmecken und heiß mit Reis servieren.

**********

# Hähnchen mit Ingwer

## Zutaten:

1 kg Hähnchenkeulen (4 bis 5 Stücke) (oder Hähnchenfleisch ohne Knochen), Fleisch von den Knochen lösen und würfeln, waschen und abtropfen lassen
3 bis 4 cm Ingwerwurzel, hacken
1 Knoblauchzehe, hacken
2 bis 3 Esslöffel Fischsoße
1 Esslöffel Zucker
1 Esslöffel Honig
Pfeffer
Öl

## So wird es gemacht:

☺ Hähnchenstücke in eine Schale geben ➟ Fischsoße, Ingwerwurzel, Pfeffer und Zucker darüber geben und ca. 30 Minuten ziehen lassen.

☺ Etwas Öl in einem Topf oder einer großen Pfanne erhitzen ➟ Knoblauch dazugeben und kurz dünsten ➟ Fleisch mit Marinade dazugeben ➟ gut vermengen ➟ Topf oder Pfanne zudecken und bei mittlerer Hitze ca. 10 Minuten garen. Zwischendurch wenden ➟ Deckel entfernen und einige Minuten kochen lassen, bis nur sehr wenig Flüssigkeit im Topf übrig bleibt, dabei umrühren ➟ heiß oder kalt servieren.

# Hähnchenfleisch mit Pfefferminze

## Zutaten:

3 Hähnchenkeulen, waschen und abtropfen lassen
1 kleine Zwiebel, in hauchdünne Streifen schneiden
1 Bund Pfefferminze, Blätter waschen und hacken
Salz und Pfeffer
etwas Essig
Wasser

## So wird es gemacht:

☺ Zwiebeln in eine Schale geben ➟ mit Essig bedecken und 10 bis 15 Minuten stehen lassen.
☺ Hähnchenkeulen in einen Topf geben ➟ mit Wasser bedecken ➟ salzen und pfeffern ➟ kochen lassen, bis die Keulen gar sind ➟ aus dem Wasser nehmen ➟ Fleisch vom Knochen lösen, zerkleinern, in eine Schale geben und beiseite stellen.
☺ Pfefferminze, Salz und Pfeffer über die Hähnchenstücke geben und gut vermengen ➟ Zwiebeln aus dem Essig nehmen, pressen und zum Fleisch geben ➟ gut vermengen ➟ abschmecken und servieren.

**********

# Hähnchenfleisch mit Basilikum und Pfefferminze

## Zutaten:

250 bis 300 g Hähnchenfleisch (Brust und Keule), in Streifen schneiden, dann die Streifen in hauchdünne Stücke schneiden und beiseite stellen
1 Bund frisches Basilikum, Blätter waschen und hacken
1 Bund frische Pfefferminze, Blätter waschen und hacken
5 bis 6 lange milde Peperoni, Stielansätze abschneiden, der Länge nach halbieren, Samen entfernen und fein hacken

1 Knoblauchzehe, hacken
1 bis 2 Esslöffel Fischsoße
1 Teelöffel Sojasoße
1 Teelöffel Zucker
1/2 Chilischote, zerdrücken, oder scharfes Paprikapulver
Pfeffer
etwas Wasser
Öl

## So wird es gemacht:

☺ Etwas Öl in einer großen Pfanne erhitzen ➟ Knoblauch dazugeben und kurz dünsten ➟ zerdrückte Chili dazugeben und dünsten, bis die Knoblauchstücke Farbe annehmen ➟ Hähnchenstücke dazugeben, umrühren und ca. 1 Minute braten ➟ Fischsoße, 1 Esslöffel Wasser, Pfeffer und Sojasoße darüber geben und gut vermengen ➟ ca. 1 Minute braten, dann Zucker darüber streuen und umrühren ➟ Peperoni, Pfefferminze und Basilikum untermengen ➟ dünsten, bis die Peperonistücke weich sind ➟ heiß servieren.

**********

# Hähnchen mit Broccoli

## Zutaten:

500 g Hähnchenfleisch, würfeln, waschen und abtropfen lassen
1 Broccoli, zerkleinern, waschen und abtropfen lassen
1 Tomate, zerkleinern
1 Zwiebel, zerkleinern
1 Schalotte, hacken
1 Lauchzwiebel, hacken
1 bis 2 Knoblauchzehen, fein hacken oder mit etwas Salz zerdrücken
2 Teelöffel Fischsoße
1 Teelöffel Krabben- oder Austernsoße
2½ Esslöffel Maisstärke (Maismehl)
Pfeffer
Öl

## So wird es gemacht:

☺ 1 Teelöffel Fischsoße, 1 Teelöffel Krabben- oder Austernsoße, ½ Esslöffel Maisstärke und ½ Tasse Wasser in eine Schale geben und gut verrühren.

☺ Hähnchenfleisch in eine Schale geben ➟ 1 Teelöffel Fischsoße, Pfeffer und 2 Esslöffel Maisstärke darüber geben ➟ gut vermengen und beiseite stellen.

☺ ca. ¼ Tasse Öl in einer Pfanne erhitzen ➟ Hähnchenfleisch dazugeben und knusprig braten ➟ aus der Pfanne nehmen ➟ abtropfen lassen und auf einem Servierteller verteilen.

☺ Etwas Öl in einer Pfanne erhitzen ➟ Zwiebeln dazugeben und glasig dünsten ➟ Knoblauch dazugeben und kurz dünsten ➟ Schalotten und Lauchzwiebeln untermengen und dünsten ➟ Broccoli untermengen und 1 bis 2 Minuten dünsten ➟ 3 bis 4 Esslöffel Wasser darüber geben ➟ umrühren ➟ Tomaten dazugeben, Pfanne zudecken und ca. 5 Minuten bei schwacher Hitze garen ➟ gewürztes Wasser darüber geben und gut vermengen, köcheln lassen, bis das Gemüse gar ist und die Soße dicker wird ➟ abschmecken ➟ über das gebratene Hähnchenfleisch geben und heiß mit Reis servieren.

**********

# Gebratenes Hähnchen mit Zitronengras

## Zutaten:

1 kg Hähnchenfleisch (oder 4 Hähnchenkeulen), in kleine Würfeln schneiden, waschen und abtropfen lassen
1 Bund Zitronengras, Blätter und Stiele waschen und fein hacken (siehe Seite 12)
1 kleine Chilischote, Stielansatz abschneiden, der Länge nach halbieren, Samen entfernen und fein hacken
2 Knoblauchzehen, fein hacken
1 Teelöffel Honig mit 1 Esslöffel Wasser auflösen
2 Esslöffel Fischsoße

1/2 Esslöffel Zucker
Cayennepfeffer und Pfeffer
Öl

## So wird es gemacht:

☺ Hähnchenfleisch in eine Schale geben ➠ etwas Knoblauch, Zucker, Pfeffer, Fischsoße und Zitronengras darüber geben und gut vermengen ➠ 1 Stunde ziehen lassen.

☺ Etwas Öl in einer Pfanne erhitzen ➠ den restlichen Knoblauch dazugeben und kurz dünsten ➠ Chili untermengen und kurz dünsten, dann das eingelegte Hähnchenfleisch mit Marinade dazugeben und 5 bis 6 Minuten braten (dabei ständig rühren) ➠ Kochtemperatur reduzieren ➠ Cayennepfeffer und aufgelösten Honig untermengen und einige Minuten garen ➠ heiß mit Reis servieren.

**********

# Variante 2

## Zutaten:

500 g Hähnchenfleisch, in kleine Würfel schneiden, waschen und abtropfen lassen
1 Bund Zitronengras, Blätter und Stiele waschen und fein hacken
2 Esslöffel Fischsoße
3 Knoblauchzehen, fein hacken
1 Zwiebel, in feine Ringe schneiden
1 Lauchzwiebel, grob hacken
1 Schalotte, grob hacken
3 bis 4 cm Ingwerwurzel, fein hacken
1 Esslöffel Essig
1 Teelöffel Zucker
1 Teelöffel Maisstärke
ca. 1/4 Tasse Wasser
Öl

## So wird es gemacht:

☺ Ingwer und Essig in eine kleine Schale geben, gut vermengen und beiseite stellen.
☺ Hähnchenfleisch in eine Schale geben ➟ Zitronengras, Pfeffer und 1 Esslöffel Fischsoße darüber geben ➟ gut vermengen und ca. 1 Stunde ziehen lassen.
☺ Maisstärke, Zucker und die restliche Fischsoße in 1/4 Tasse Wasser geben und gut verrühren.
☺ Etwas Öl in einer großen Pfanne erhitzen ➟ Hähnchenfleisch mit Marinade dazugeben und einige Minuten braten, dann bei schwacher Hitze und geschlossener Pfanne einige Minuten garen ➟ Ingwerwurzel auspressen und zum Fleisch geben ➟ Wassermischung darüber geben und gut vermengen ➟ Pfanne zudecken und ca. 5 Minuten garen ➟ heiß mit Reis, Salat und Soßen servieren.

**********

# Hähnchen mit Taro

## Zutaten:

500 g Hähnchenkeulen, Haut entfernen, Fleisch vom Knochen lösen, hacken, waschen und abtropfen lassen
1 kg Taroknollen (ersatzweise Jam), schälen, waschen und klein würfeln
1½ Tassen Kokosnussmilch (siehe Seite 7)
1/2 Tasse Wasser
1 bis 2 Chilischoten, Stielansätze abschneiden, der Länge nach halbieren, Samen entfernen und hacken
5 Knoblauchzehen, mit etwas Salz zerdrücken
1 Bund Zitronengras, Blätter und Stiele waschen und pressen, dann die Hälfte fein hacken
3 bis 4 cm Ingwerwurzel, zerkleinern
1 Zwiebel, hacken
1 Esslöffel gehackte Korianderblätter
1 Esslöffel gehackte Pfefferminzblätter
3 Lauchzwiebeln, fein hacken
einige Koriandersamen und Kümmelsamen, in einen

Mörser geben und zerdrücken
1 Teelöffel Zucker
Salz
Pfeffer
Öl

## So wird es gemacht:

☺ Zwiebel, Ingwerwurzel, Chili, zerdrückten Koriander und Kümmel, Knoblauch, Salz, Pfeffer und Zitronengrasblätter und Stiele in einen Elektromixer geben und pürieren ➟ Gewürzpüree über das Hähnchenfleisch geben, gut vermengen und 2 bis 3 Stunden ziehen lassen.

☺ Öl in einer großen Pfanne erhitzen ➟ Tarowürfel (oder Jam) dazugeben und braten (4 bis 5 Minuten) ➟ aus der Pfanne nehmen, abtropfen lassen und warm halten.

☺ Eventuell etwas mehr Öl in die Pfanne geben und erhitzen ➟ Hähnchenfleisch mit Marinade dazugeben und einige Minuten braten (ca. 5 Minuten) ➟ gehacktes Zitronengras, gebratenen Taro (oder Jam), ½ Tasse Wasser und 1 Tasse Kokosnussmilch darüber geben und gut vermengen ➟ Pfanne zudecken ➟ kurz zum Kochen bringen, dann bei schwacher Hitze 15 bis 20 Minuten köcheln lassen ➟ die restliche Kokosnussmilch und Zucker dazugeben, gut verrühren und bei offener Pfanne einige Minuten ziehen lassen ➟ das fertige Gericht in eine Servierschüssel geben, mit gehacktem Koriander, Pfefferminze und Lauchzwiebeln garnieren und heiß servieren.

**********

9 Taro

# Hähnchen mit Süßkartoffeln

## Zutaten:

500 g Hähnchenfleisch, würfeln, waschen und abtropfen lassen
3 bis 4 Süßkartoffeln, schälen und in ca. 3 cm große Würfel schneiden
2 Karotten, schaben und würfeln
1/2 Bund Zitronengras, hacken
1 Tasse Kokosnussmilch (siehe Seite 7)
1 Tasse Wasser oder Milch
1 Zwiebel, hacken
4 bis 5 Knoblauchzehen, hacken
1 Teelöffel Currypulver
1 Teelöffel gemahlener Koriander
1/2 Teelöffel Nelkenpulver
1 Teelöffel Zucker
Salz und Pfeffer
Öl

## So wird es gemacht:

☺ Hähnchenfleisch in eine Schüssel geben ➟ Salz, Pfeffer, Currypulver, Koriander, Nelkenpulver und Zucker darüber geben und gut vermengen ➟ Schüssel zudecken und ca. 2 Stunden ziehen lassen.

☺ Öl in einer großen Pfanne erhitzen ➟ Süßkartoffeln dazugeben und braten ➟ aus der Pfanne nehmen, abtropfen lassen und warm halten.

☺ In der gleichen Pfanne, Zwiebeln glasig dünsten ➟ Knoblauch dazugeben und kurz dünsten, dann Zitronengras untermengen und kurz dünsten ➟ Hähnchenfleisch mit Marinade dazugeben und braten ➟ Kokosnussmilch darüber geben und bei mittlerer Hitze ca. 10 Minuten kochen lassen ➟ Wasser oder Milch und Karotten dazugeben ➟ gut vermengen ➟ Pfanne zudecken und ca. 10 Minuten garen, dann Süßkartoffeln untermengen und ca. 5 Minuten garen ➟ heiß mit Reis oder Nudeln servieren.

# Hähnchenleber mit Bohnenpaste

## Zutaten:

250 g Bohnenpaste (Bohnenquark)
250 g Hähnchenleber, in Streifen schneiden, waschen und abtropfen lassen
1 kleine Chilischote, Stielansatz abschneiden, der Länge nach halbieren, Samen entfernen und hacken
3 Esslöffel Tomatenmark in 3 Esslöffel Wasser auflösen
3 cm Ingwerwurzel, fein hacken
2 Knoblauchzehen, fein hacken oder zerdrücken
2 Bund Lauchzwiebeln, hacken
2 Schalotten, hacken
1 Esslöffel gehackte Korianderblätter
Salz
Pfeffer
Öl

## So wird es gemacht:

☺ Etwas Öl in einer Pfanne erhitzen ➟ Bohnenpaste dazugeben und goldbraun braten ➟ aus der Pfanne nehmen ➟ abtropfen lassen ➟ in Würfel schneiden und beiseite stellen.

☺ 1/4 Tasse Öl in einer großen Pfanne erhitzen ➟ Ingwerwurzel und Knoblauch dazugeben und kurz dünsten ➟ Leberstreifen untermengen und braten, bis sie Farbe annehmen ➟ Tomatenmark, Salz und Pfeffer dazugeben und gut vermengen ➟ Bohnenpaste, Lauchzwiebeln und Schalotten untermengen und kurz erhitzen ➟ in eine Servierschale geben, mit Koriander und Chili garnieren und heiß servieren.

**********

# Gebratene Ente

## Zutaten:

1 Ente (ca. 2 kg), waschen und abtrocknen
3 cm Ingwerwurzel, mit etwas Salz zerdrücken
1 Bund Lauchzwiebeln, hacken
1 bis 2 Esslöffel Sojasoße
1 Teelöffel Fünfgewürze (siehe Seite 12)
Salz
Pfeffer
Öl

## So wird es gemacht:

☺ Alle Zutaten (außer Öl und Ente) in eine Schale geben und gut vermengen ➟ Ente damit von innen und außen gut einreiben und ca. 30 Minuten ziehen lassen ➟ Ente in einem Dampfkochtopf (Abb. 10) (oder wie auf Seite 50 beschrieben, Abb. 8) 30 bis 40 Minuten dämpfen (Eventuell die Ente vor dem Dämpfen in Alufolie wickeln) ➟ Ente aus dem Topf nehmen und abkühlen lassen, dann zerlegen.

Abb. 10

☺ Öl in einer Pfanne erhitzen ➟ Entenstücke in dem heißen Öl knusprig braten ➟ Entenstücke aus der Pfanne nehmen, abtropfen lassen und das Fleisch vom Knochen lösen ➟ mit Reis, Salat und Chilisoßen servieren.

<u>Vermerk:</u>
Man kann auch mit einem Sieb dämpfen. 2 bis 3 Tassen Wasser in einen Topf geben, dann ein Sieb darauf stellen. Ente darauf legen, Topf zudecken und 30 bis 40 Minuten dämpfen.

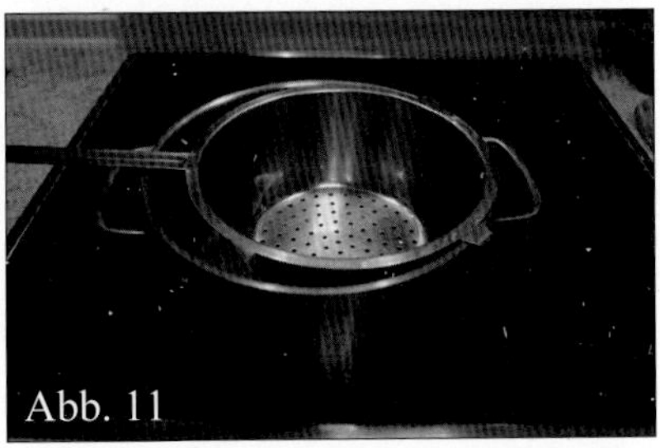
Abb. 11

# Fischgerichte

In Vietnam brät man die Fische wie überall auf der Welt. Die Vietnamesen, geben nach dem Braten Chilisoße (Nuoc Cham) über die Fische (siehe Seite 26).

## Gebratene Fischfilets mit Tomatensoße

### Zutaten:

500 g Makrelenfilets, waschen und abtrocknen
2 Tomaten, Haut anritzen, mit kochendem Wasser überbrühen, Haut abziehen, der Länge nach halbieren, Samen entfernen und fein hacken
1 bis 2 Knoblauchzehen, fein hacken
3 Lauchzwiebeln, nur die weißen Teile hacken
1 Esslöffel Zucker
2 Esslöffel Fischsoße
Pfeffer
Öl

### So wird es gemacht:

☺ Öl in einer großen Pfanne erhitzen ➟ Fischfilets dazugeben und goldbraun braten ➟ aus der Pfanne nehmen ➟ abtropfen lassen ➟ auf einen Servierteller legen und warm halten.

☺ Das meiste Öl aus der Pfanne, das man zum Braten von Fischfilets verwendet hat, entfernen und auf mittlere Hitze stellen ➟ gehackten Knoblauch dazugeben und kurz dünsten ➟ Lauchzwiebeln dazugeben und dünsten, bis sie etwas Farbe annehmen ➟ Tomaten untermengen, mit Zucker und Fischsoße abschmecken, dann bei schwacher Hitze 3 bis 4 Minuten köcheln lassen ➟ Soße über die gebratenen Fischfilets geben und servieren.

❄❄❄❄❄❄❄❄❄❄❄

# Fischfilets, süß-sauer

## Zutaten:

1 kg Fischfilets (Heilbutt oder eine andere Fischfiletsorte), halbieren, waschen, abtrocknen und in eine Schale geben
2 bis 3 Eier, aufschlagen, nur das Eiweiß in eine Tasse oder Schale geben und verrühren
1 Zwiebel, fein hacken
1 Knoblauchzehe, fein hacken
1 kleine weiße Rübe, schälen, dann mit dem Kartoffelschälmesser in Streifen schneiden und die Streifen zerkleinern
2 bis 3 Esslöffel feine Erbsen
2 Lauchzwiebeln, fein hacken
1 mittelgroße Karotte, schaben, in dünne Streifen schneiden, danach in kleine Stücke schneiden
1 Tomate, fein hacken
2 Esslöffel Tomatenmark, in einer Tasse Wasser auflösen
1/2 Chilischote, in feine Streifen schneiden
2 bis 3 Esslöffel Maismehl
1 Esslöffel Sojasoße
1 Teelöffel süße Chilisoße
Einige Löffel Ananassaft
1 Esslöffel Weinessig
1 Teelöffel Fischsoße
2 Esslöffel Zucker
Salz und Pfeffer
Öl
Reismehl, mit Salz vermengen und auf einem flachen Teller verteilen

## So wird es gemacht:

☺ Eiweiß, 1 Esslöffel Wasser, 3 Esslöffel Maismehl, 1 Esslöffel Zucker, 1 Teelöffel Salz und Pfeffer zusammen vermengen und über die Fischfiletstücke geben ➟ gut vermengen ➟ Schale zudecken und ca. 30 Minuten ziehen lassen. Zwischendurch die Fischfilets in der Marinade wenden.

☺ Öl in einer großen Pfanne erhitzen ➟ Fischfiletstücke in

Reismehl wälzen, in die Pfanne geben und goldbraun braten, dann aus der Pfanne nehmen, abtropfen lassen und warm halten.

☺ Das meiste Öl aus der Pfanne entfernen ➡ Zwiebeln dazugeben und glasig dünsten ➡ Knoblauch untermengen und kurz dünsten ➡ die restlichen Zutaten (Lauchzwiebeln, Erbsen, Rüben, Karotten, Tomaten, aufgelöstes Tomatenmark, Essig, Sojasoße, Chilisoße, Ananassaft, 1 Esslöffel Zucker und Fischsoße) dazugeben, gut vermengen und kurz zum Kochen bringen, dann bei schwacher Hitze 3 bis 4 Minuten köcheln lassen ➡ Soße über die gebratenen Fischfiletstücke geben und heiß mit Reis servieren.

**********

# Gedämpfter Fisch

## Zutaten:

1 kg Fische (Sorte nach Belieben), waschen und abtrocknen
50 g Fleisch, in feine Streifen schneiden, dann die Streifen würfeln
1 Zwiebel, in dünne Streifen schneiden
4 Lauchzwiebeln, der Länge nach vierteln und hacken
3 bis 4 getrocknete chinesische Pilze, in Wasser einweichen, abtropfen lassen und in Streifen schneiden
2 Knoblauchzehen, fein hacken
3 cm Ingwerwurzel, fein hacken
1 Sellerie, in feine Streifen schneiden, dann die Streifen zerkleinern
1 Teelöffel Zucker
10 bis 15 g Glasnudeln, in warmem Wasser ca. 20 Minuten einweichen, in ein Sieb geben und abtropfen lassen, dann zerkleinern
1/2 bis 2 Esslöffel Fischsoße
ca. 2 Esslöffel leichte Sojasoße
2 Esslöffel Maismehl
Salz und Pfeffer
1/4 Tasse Wasser
Öl

## So wird es gemacht:

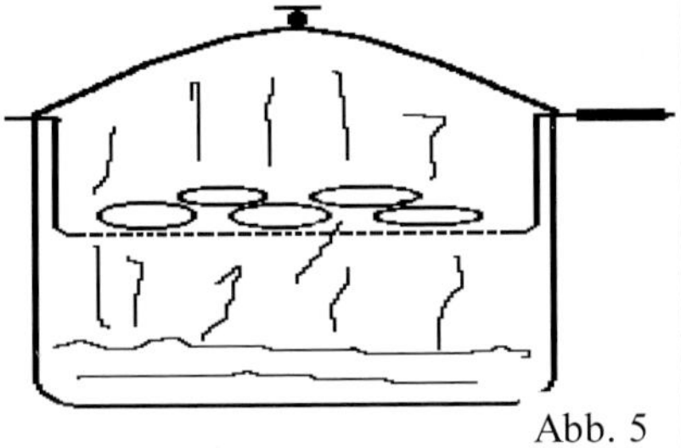

Abb. 5

☺ 2 bis 3 Tassen Wasser in einen Topf geben und zum Dämpfen vorbereiten.

❍ Um die gefüllten Alufolien zu dämpfen, braucht man keinen extra Dampfkochtopf. Man kann sie mit einem normalen Topf und einem Sieb dämpfen (siehe Abbildung 5).

☺ Öl in einer großen Pfanne erhitzen ➟ Ingwerwurzel dazugeben und kurz dünsten ➟ Fleischwürfel dazugeben und braten, bis sie Farbe annehmen ➟ Wasser, 1 Esslöffel Sojasoße und Maismehl dazugeben und gut vermengen ➟ köcheln lassen, bis die Soße dicker wird ➟ Pfanne vom Herd nehmen und warm halten.

☺ Fisch in eine feuerfeste Schale geben (evtl. die Fische mit einem scharfen Messer kreuzweise anschneiden) ➟ mit Fischsoße, Salz, Pfeffer und Zucker einreiben und ca. 30 Minuten ziehen lassen, dann alle anderen Zutaten (außer der vorbereiteten Soße) darüber geben und in den vorbereiteten Dampfkochtopf stellen ➟ Topf zudecken und das Wasser zum Kochen bringen, dann bei mittlerer Hitze ca. 30 Minuten dämpfen lassen ➟ Schale aus dem Topf nehmen, die warme Soße darüber geben und heiß mit Reis servieren.

❄❄❄❄❄❄❄❄❄❄

# Gegrillte Fischfilets

## Zutaten:

1,5 kg Fischfilets (Sorte nach Belieben), in große Stücke schneiden, waschen und abtropfen lassen
4 Esslöffel Fischsoße
1 Esslöffel Sojasoße
2 bis 3 Knoblauchzehen. mit etwas Salz zerdrücken
1 Bund Zitronengras, Blätter und die zarten Stiele waschen und hacken
1 Bund Basilikum, Blätter waschen und hacken
Pfeffer
1 Teelöffel Zucker
Öl
Bananenblätter und Alufolie (falls Bananenblätter nicht vorhanden, Alufolie verwenden)
Chilisoßen

## So wird es gemacht:

☺ Fischsoße, Zucker, Pfeffer und Sojasoße in eine große Schale geben und gut vermengen ➟ Fischstücke hineingeben und gut darin wälzen ➟ Schale zudecken und ca. 30 Minuten ziehen lassen.
☺ Grill mit Holzkohle füllen und zum Grillen vorbereiten.
☺ Die eingelegten Fischstücke auf Bananenblätter verteilen (oder auf Alufolie, die vorher mit etwas Öl eingerieben wird) ➟ Marinade, Zitronengras und Basilikum darauf verteilen und die Fischstücke in die Blätter hüllen. Dann die gefüllten Blätter in Alufolie wickeln (oder nur Alufolie verwenden) und auf den Grillrost legen ➟ jede Seite ca. 10 Minuten grillen ➟ heiß mit Chilisoßen und/oder Reis servieren.

❄❄❄❄❄❄❄❄❄❄❄

# Gekochter Fisch in Fleischfett

## Zutaten:

1 kg Fischfilets (z.B. Heilbutt), in Stücke schneiden, waschen und abtropfen lassen
50 g Rinderfett, in sehr feine Würfel schneiden
1 Bund Lauchzwiebeln, fein hacken
3 bis 4 Knoblauchzehen, fein hacken
3 Esslöffel Fischsoße
2 Esslöffel Honig oder Zuckersirup
2 bis 3 Esslöffel Zucker
Pfeffer
Öl

## So wird es gemacht:

☺ Fischfiletstücke in eine Schale geben ➡ Pfeffer, Zucker und Fischsoße darüber geben, gut vermengen und beiseite stellen.

☺ Etwas Öl in einer großen Pfanne erhitzen ➡ Knoblauch dazugeben und kurz dünsten ➡ fast die Hälfte der gehackten Lauchzwiebeln dazugeben und umrühren ➡ Fett dazugeben ➡ gut vermengen und bei schwacher Temperatur erhitzen, damit das Fett langsam schmelzen kann ➡ Fischstücke aus der Marinade nehmen und in das heiße Fett geben, dann einige Male wenden ➡ Marinade und Honig darüber geben und die Fischstücke einige Male wenden ➡ Pfanne zudecken und 10 bis 15 Minuten köcheln lassen, bis die Fischstücke gar sind.

☺ In einer kleinen Pfanne etwas Öl erhitzen ➡ die restlichen Lauchzwiebeln dazugeben und dünsten, bis sie Farbe annehmen ➡ über die Fischstücke verteilen ➡ Pfanne zudecken und ca. 5 Minuten garen, bis die Hälfte der Flüssigkeit verdampft ist ➡ heiß mit Reis und Soßen servieren.

❄❄❄❄❄❄❄❄❄❄

# Gefüllter Fisch

## Zutaten:

1 großen oder 2 mittelgroße Fische, säubern, Köpfe und Schwänze nicht abschneiden. Gräten mit einem scharfen Messer abschneiden und entfernen, waschen und abtrocknen
1 kleine Zwiebel, fein hacken
3 bis 4 Knoblauchzehen, fein hacken oder mit etwas Salz zerdrücken
1 Schalotte, fein hacken
2 Lauchzwiebeln, fein hacken
1 Eigelb
25 g Glasnudeln, ca. 20 Minuten in warmem Wasser einweichen, abtropfen lassen und in kleine Stücke schneiden
ca. 100 g Hackfleisch
Salz und Pfeffer
Öl
Gehackte Korianderblätter
Einige Zitronenscheiben

## So wird es gemacht:

☺ Backofen auf 250°C vorheizen, dann auf 200°C reduzieren.
☺ Fische von innen und außen salzen und pfeffern.
☺ Hackfleisch, Zwiebeln, Schalotten, Lauchzwiebeln, Eigelb, Glasnudeln, Knoblauch, Salz und Pfeffer in eine Schale geben und gut vermengen.
☺ Fische mit der Hackfleischmischung füllen ➟ Backform mit etwas Öl einfetten und die Fische hineinlegen ➟ in den Backofen schieben und ca. 30 Minuten backen ➟ die gebackenen Fische auf einen Servierteller legen, mit Zitronenscheiben und Koriander garnieren und heiß servieren.

❄❄❄❄❄❄❄❄❄❄

# Krabben in Fischsoße

## Zutaten:

250 g Krabbenfleisch
1 Knoblauchzehe, fein hacken
1 Esslöffel Zucker
2 Esslöffel Honig oder Zuckersirup
1 bis 2 Esslöffel Fischsoße
Pfeffer
Öl

## So wird es gemacht:

☺ Etwas Öl in einer Pfanne erhitzen ➟ Knoblauch dazugeben und kurz dünsten ➟ Krabben dazugeben, gut vermengen und bei mittlerer Hitze einige Minuten braten ➟ Fischsoße, Honig, Zucker und Pfeffer untermengen ➟ Pfanne zudecken und bei schwacher Hitze einige Minuten köcheln lassen ➟ Deckel entfernen und köcheln lassen, bis ein Teil der Flüssigkeit verdampft ist ➟ heiß mit Reis servieren.

❄❄❄❄❄❄❄❄❄❄❄

# Krabbenbällchen

## Zutaten:

250 g Krabbenfleisch
150 g gekochte Maiskörner, gut abtropfen lassen
2 Lauchzwiebeln, fein hacken
1 Ei, aufschlagen, in eine Schale geben und verrühren
2 Esslöffel Maismehl
1 Esslöffel Mehl
Salz und Pfeffer
Öl

## So wird es gemacht:

☺ Krabbenfleisch und Maiskörner in einen Elektromixer geben und pürieren ➟ alle anderen Zutaten (außer Öl) dazugeben und gut vermengen ➟ mit Salz und Pfeffer abschmecken ➟ Krabbenteig zu kleinen Bällchen formen ➟ Öl in einer Pfanne erhitzen ➟ Krabbenbällchen dazugeben und goldbraun braten ➟ heiß mit Chilisoße servieren.

**********

# Krabben mit Zitronengras

## Zutaten:

250 g Krabbenfleisch
1/2 Tasse Wasser
7 bis 8 lange milde grüne Peperoni, Stielansätze abschneiden, der Länge nach halbieren, Samen entfernen und in große Stücke schneiden
1 Bund Zitronengras, Blätter und Stiele waschen und hacken
1 kleine Schalotte, in feine Streifen schneiden
Saft einer Zitrone
1 Esslöffel Fischsoße
Pfeffer
1 Teelöffel Zucker
einige Salatblätter
2 Esslöffel gehackte Pfefferminze

## So wird es gemacht:

☺ Zitronensaft und Fischsoße in eine Schale geben ➟ Zucker dazugeben und auflösen ➟ mit Pfeffer abschmecken und beiseite stellen.

☺ Wasser und Krabben in einen Topf geben und bei starker Hitze ca. 2 Minuten kochen lassen, dabei umrühren ➟ Topf vom Herd nehmen ➟ Krabben mit einer Schöpfkelle aus dem Topf nehmen und in einen anderen Topf geben.

☺ Zitronengras, Zitronensaftmischung, Schalotten, Peperoni und etwas Pfefferminze zu den Krabben geben und gut vermengen.

☺ Einen Servierteller mit Salatblättern bedecken ➟ Krabbenmischung darüber geben ➟ mit Pfefferminze garnieren und servieren.

**********

# Garnelen in Kokosnuss

## Zutaten:

500 g mittelgroße Garnelen, schälen
1/4 Tasse gehackte Kokosnuss
1 scharfe grüne Peperoni, Stielansatz abschneiden, der Länge nach halbieren, Samen entfernen und fein hacken
1 kleine Zwiebel, hacken
1 bis 2 Knoblauchzehen, fein hacken
2 cm Ingwerwurzel, fein hacken
1 Teelöffel Essig
Salz
Pfeffer
Öl

## So wird es gemacht:

☺ Garnelenfleisch in eine Schale geben ➟ Essig, Salz und Pfeffer darüber geben und gut vermengen ➟ Schale zudecken und ca. 30 Minuten ziehen lassen.
☺ Etwas Öl in einer Pfanne erhitzen ➟ Zwiebeln dazugeben und glasig dünsten ➟ Knoblauch und Ingwerwurzel untermengen und kurz dünsten ➟ Garnelenfleisch dazugeben und 7 bis 8 Minuten braten ➟ Peperoni und Kokosnuss untermengen und einige Minuten braten ➟ vom Herd nehmen, in eine Schale geben und mit Reis servieren.

❄❄❄❄❄❄❄❄❄❄❄

# Getrocknete Krabben mit Chili

## Zutaten:

ca. 1/2 Tasse getrocknete Krabben, mit warmem Wasser bedecken, 6 bis 7 Minuten einweichen, in ein Sieb geben und abtropfen lassen
Saft einer halben Zitrone
1 kleine Schalotte, fein hacken
1 Teelöffel gehackte Chili
2 Esslöffel Zucker
1 bis 2 Esslöffel Fischsoße

## So wird es gemacht:

☺ Die getrockneten Krabben fein hacken und in eine Schale geben.
☺ Alle anderen Zutaten in eine kleine Schale geben und gut verrühren, bis der Zucker sich völlig aufgelöst hat ➟ über die gehackten Krabben geben ➟ gut vermengen und zu Reisgerichten servieren.

❄❄❄❄❄❄❄❄❄❄

# Garnelen mit Chilipaste

## Zutaten:

500 g Garnelen, schälen
1 bis 2 Teelöffel Chilipaste, oder 1/2 Teelöffel Tabasco (je nach Geschmack)
1 Esslöffel Fischsoße
Prise Zucker
1 Bund Koriander, Blätter waschen und grob hacken
Öl

## So wird es gemacht:

☺ Öl in einer Pfanne leicht erhitzen. Falls man Chilipaste verwendet, die Paste dazugeben und gut verrühren ➟ Garnelen dazugeben und umrühren, dann die Fischsoße und den Zucker darüber geben ➟ gut vermengen und 6 bis 7 Minuten braten ➟ Koriander untermengen und kurz braten ➟ in eine Schale geben und heiß mit Reis servieren.

❄❄❄❄❄❄❄❄❄❄

# Meeresfrüchte, süß-sauer

## Zutaten:

500 g (oder mehr) verschiedene Meeresfrüchte (Sorten nach Belieben, z.B. geschälte Krabben, geschälte Garnelen, Kalamares .......)

1 Zwiebel, hacken
2 bis 3 Knoblauchzehen, hacken
3 cm Ingwerwurzel, hacken
je 1 Esslöffel braunen Zucker und Honig
1 Esslöffel Essig
je 1/4 Teelöffel Kümmelsamen, Koriandersamen und Senfkörner
1 Teelöffel Korianderpulver
1 Teelöffel Kurkuma
kleines Stück Chilischote, fein hacken oder Chilipulver
1 kleines Stück Tamarinde, in 3 Esslöffel Wasser einweichen, mit dem Fingern zerdrücken, durch ein kleines Sieb geben und Flüssigkeit auffangen. Dann die restliche Tamarinde durch das Sieb pressen und mit der Flüssigkeit vermengen
3 bis 4 Esslöffel Joghurt
Salz
Pfeffer
Öl

## So wird es gemacht:

☺ Die großen Meeresfrüchte zerkleinern und die einzelnen ungekochten Sorten gar kochen ➟ in ein Sieb geben und abtropfen lassen.
☺ Zwiebeln, Knoblauch und Ingwer mit etwas Salz in einen Mörser geben und zerdrücken ➟ Joghurt und 3 bis 4 Esslöffel Wasser und die Knoblauchpaste in einen Elektromixer geben und pürieren.
☺ Etwas Öl in einer großen Pfanne erhitzen ➟ Kümmelsamen, Koriandersamen und Senfkörner dazugeben und ca. 1 Minute rösten ➟ Jogurtmischung dazugeben und gut verrühren ➟ köcheln lassen, bis die Mischung Farbe annimmt ➟ Salz, Pfeffer, Chili oder Chilipulver, Kurkuma und Korianderpulver dazugeben und gut verrühren ➟ 2 bis 3 Minuten köcheln lassen ➟ Tamarindewasser, Zucker, Honig und Essig dazugeben und rühren ➟ die vorbereiteten Meeresfrüchte in die Soße geben ➟ gut vermengen und ca. 10 Minuten köcheln lassen, bis die Meeresfrüchte gar sind

und eine dicke Soße entstanden ist ➟ heiß mit Reis servieren.

❄❄❄❄❄❄❄❄❄❄

# Krabben mit Chilipaste

## Zutaten:

500 g Krabben, schälen
1 kleine Zwiebel, halbieren und in feine Streifen schneiden
1 Esslöffel Fischsoße
2 Knoblauchzehen:
  1 Knoblauchzehe, fein hacken
  1 Knoblauchzehe, vierteln
1 kleine Chilischote, Stielansatz abschneiden, der Länge nach halbieren, Samen entfernen und zerkleinern
1 kleine Schalotte, oder 1 Lauchzwiebel, hacken
Salz
Öl

## So wird es gemacht:

☺ Chili, geviertelten Knoblauch, Schalotten oder Lauchzwiebeln und etwas Salz in einen Mörser geben und zerdrücken. Evtl. etwas Wasser dazugeben.
☺ Etwas Öl in einer großen Pfanne stark erhitzen ➟ Knoblauch dazugeben und dünsten, bis er Farbe annimmt ➟ Zwiebel untermengen und glasig dünsten ➟ Chilipaste dazugeben, gut vermengen und kurz dünsten ➟ Krabben dazugeben und umrühren ➟ Fischsoße darüber geben, umrühren und die Krabben braten, bis sie Farbe annehmen ➟ heiß servieren.

❄❄❄❄❄❄❄❄❄❄

# Fondues

## Fleisch, Fisch und Krabben-Fondue

### Zutaten:

250 g mageres Fleisch, in hauchdünne Streifen schneiden. Streifen zerkleinern, waschen, abtropfen lassen und in eine Schale geben
250 g Fischfilets (Sorte mit festem Fleisch), waschen, abtrocknen, in kleine dünne Würfel schneiden und in eine Schale geben
75 bis 100 g geschälte kleine Krabben und/oder einige geschälte große Tiefseekrabben, der Länge nach halbieren und vierteln, dann in eine Schale geben
1 Esslöffel Fischsoße
1 Zwiebel, hacken
2 Knoblauchzehen, fein hacken
Kokosnusswasser von einer Kokosnussfruchtfleisch mit einem Esslöffel Essig mischen
1/2 bis 3/4 Tasse Wasser
2 Lauchzwiebeln, hacken
1 Schalotte, hacken
Salz
Pfeffer
1/2 Esslöffel Zucker
Reisblätter
Chilisoße (siehe Seite 28) und andere vietnamesische Soßen für Fondue. Solche Soßen findet man in asiatischen Lebensmittelläden.
1 Kopfsalat, Blätter waschen und abtropfen lassen
2 große Tomaten, halbieren und in dünne Streifen schneiden
1 Gurke, der Länge nach halbieren und in Streifen schneiden

1 Bund Lauchzwiebeln, in Ringe schneiden
1 Bund Koriander, Blätter waschen und abtropfen lassen
1 Bund Pfefferminze, Blätter waschen und abtropfen lassen
Öl

## So wird es gemacht:

☺ Zwiebeln, Fischsoße, Salz, Pfeffer und etwas Öl über die Fleischsorten geben und gut vermengen ➟ Schalen zudecken und beiseite stellen ➟ vor dem Servieren in kleine Schalen geben und rund um den Fonduetopf anrichten.
☺ Salatzutaten in Schalen verteilen und um den Fonduetopf herum anordnen.
☺ Fonduesoßen in kleine Schalen geben und ebenfalls um den Fonduetopf herum anordnen.
☺ Die trockenen Reisblätter mit etwas Wasser besprühen, damit sie etwas weicher (biegsam) werden und an die Gäste verteilen.
☺ 1 bis 2 Esslöffel Öl in einen kleinen Topf geben und erhitzen ➟ Schalotten und Lauchzwiebeln dazugeben und glasig dünsten ➟ Knoblauch dazugeben und kurz dünsten ➟ Wasser, Zucker, Salz und Kokosnussmilchmischung dazugeben und gut verrühren ➟ zum Kochen bringen und in den Fonduetopf geben ➟ Fleischsorten mit Fonduegabeln in der heißen Brühe garen und mit Reisblättern, Soßen und Salat essen.

**********

# Fleisch in Essigfondue

## Zutaten:

ca. 500 g mageres Rindfleisch, in hauchdünne Streifen schneiden, dann die Streifen zerkleinern, in eine Schale geben, salzen und pfeffern
1 Zwiebel, hacken, in eine kleine Schale geben, etwas Essig darüber geben, ca. 5 Minuten ziehen lassen, dann die Zwiebeln pressen, zum Fleisch geben, gut vermengen, Schale zudecken und einige Stunden ziehen lassen. Zwischendurch umrühren
1 kleine Dose Anchovispaste (Sardellenpaste)
1 Esslöffel Zitronensaft
3 Knoblauchzehen:

> 2 Knoblauchzehen, mit 3 Esslöffel Zucker und etwas scharfem Chilipulver in einen Mörser geben, zerdrücken und in eine größere Schale geben
> 1 Knoblauchzehe, fein hacken

1 Esslöffel Fischsoße (Nuoc Mam)
8 Esslöffel Essig (weiß)
ca. 2 Tassen Wasser (oder Wasser mit Kokosnusswasser)
Reisblätter
1 Kopfsalat, Blätter waschen und abtropfen lassen
2 große Tomaten, halbieren und in dünne Streifen schneiden
1 Gurke, der Länge nach halbieren und in Streifen schneiden
1 Bund Lauchzwiebeln, in Ringe schneiden
1 Bund Koriander, Blätter waschen und abtropfen lassen
1 Bund Pfefferminze, Blätter waschen und abtropfen lassen
Öl
Verschiedene asiatische Fonduesoßen

## So wird es gemacht:

☺ Anchovispaste (Sardellenpaste) ➡ und Fischsoße zur zerdrückten Knoblauch-Zuckerpaste geben und gut vermengen ➡ Wasser und Zitronensaft darüber geben und gut verrühren.

☺ Etwas Öl in einem Topf oder einer Pfanne erhitzen ➡ etwas Lauchzwiebeln dazugeben und glasig dünsten ➡ gehackten Knoblauch untermengen und kurz dünsten ➡ Wasser-Soßenmischung und Essig dazugeben ➡ gut verrühren und zum Kochen bringen ➡ die gekochte Brühe in einen Fonduetopf geben und auf die Mitte des Tisches stellen.

☺ 1 bis 2 Esslöffel Öl in einen kleinen Topf geben und erhitzen ➡ Schalotten und gehackte Lauchzwiebeln dazugeben und glasig dünsten ➡ Knoblauch dazugeben und kurz dünsten ➡ Wasser, Zucker, Salz und Kokosnussmilchmischung dazugeben und gut verrühren ➡ zum Kochen bringen und in den Fonduetopf geben ➡ Fleischsorten mit Fonduegabeln in der heißen Brühe garen und mit Reisblättern, Soßen und Salat essen.

❄❄❄❄❄❄❄❄❄❄❄

# Asiatische Süßspeisen

## Süßer Kokosnussreis

### Zutaten:

2 Tassen Milchreis (Bruchreis), waschen und abtropfen lassen
ca. 5 Tassen Kokosnussmilch (siehe Seite 7)
1/2 bis 3/4 Tasse Zucker
Prise Salz

### So wird es gemacht:

☺ Reichlich Wasser in einem Topf zum Kochen bringen ➟ Reis dazugeben und gar kochen ➟ in ein Sieb geben und abtropfen lassen (man kann auch den Reis in einem Dampfkochtopf garen, siehe Seite 50).

☺ Kokosnussmilch, Zucker und eine Prise Salz in einen Topf oder eine Pfanne geben und zum Kochen bringen, dabei solange umrühren, bis sich der Zucker aufgelöst hat ➟ bei schwacher Hitze ca. 30 Minuten köcheln lassen, dabei ständig umrühren (damit nichts anbrennt), bis die Flüssigkeit dickflüssig wird (bis ca. 1 Tasse Flüssigkeit übrig bleibt) ➟ Reis dazugeben und gut vermengen ➟ Topf oder Pfanne zudecken, vom Herd nehmen und 15 bis 20 Minuten ziehen lassen ➟ warm servieren.

✯✯✯✯✯✯✯✯✯✯

## Süßer Reis

### Zutaten:

1 Tasse Milchreis, in kaltem Wasser ca. 1 Stunde einweichen, in ein Sieb geben und abtropfen lassen
5 Tassen Milch
1 Tasse Wasser
1 Tasse Zucker
Einige Kardamomkapseln
Butter oder Butterfett
4 bis 5 Esslöffel gehackte Nüsse

Evtl. Rosinen ohne Kerne

## So wird es gemacht:

☺ Wasser und Zucker in einen Topf geben ➟ zum Kochen bringen, dabei umrühren, bis sich der Zucker aufgelöst hat ➟ einige Minuten brodeln lassen, dann die Milch dazugeben, gut verrühren und kochen lassen.

☺ Backofen auf 175°C vorheizen (mittlere Temperatur).

☺ 1 Esslöffel Butter oder Butterfett in einem Topf erhitzen ➟ Reis dazugeben und kurz braten ➟ zur Milch geben und kochen lassen, bis der Reis gar ist ➟ Kardamom, einen Teil der gehackten Nüsse und Rosinen dazugeben und gut verrühren, dann in eine gefettete Backform geben und im vorgeheizten Backofen ca. 30 Minuten backen lassen ➟ die gehackten Nüsse darüber geben und servieren.

✩✩✩✩✩✩✩✩✩✩

# Süßkartoffeln in Kokosnussmilch

## Zutaten:

2 Tassen Kokosnussmilch (siehe Seite 7)
500 g Süßkartoffeln, schälen, in kleine Würfel schneiden, waschen und abtropfen lassen
75 g braunen Zucker
1 Prise Salz

## So wird es gemacht:

☺ Süßkartoffeln in einen Topf geben, mit Wasser fast bedecken und fast gar kochen ➟ in ein Sieb geben und abtropfen lassen.

☺ Kokosnussmilch und Prise Zucker in einen Topf geben ➟ langsam zum Kochen bringen, dabei Zucker dazugeben und umrühren, bis sich der Zucker völlig aufgelöst hat ➟ gekochte Süßkartoffeln dazugeben ➟ ca. 10 Minuten köcheln lassen, bis die Süßkartoffeln gar sind ➟ heiß servieren.

✩✩✩✩✩✩✩✩✩✩

# Reispudding

## Zutaten:

4 Tassen Milch
1/2 Tasse Wasser
1/2 Tasse Milch- oder Bruchreis, waschen, 1 Stunde in Wasser einweichen, in ein Sieb geben und abtropfen lassen
1/2 Tasse Zucker
1 Esslöffel Rosenwasser
gehackte Pistazien

## So wird es gemacht:

☺ Reis und ½ Tasse Wasser in einen Topf geben und zum Kochen bringen ➡ köcheln lassen, bis der Reis fast gar ist (dabei umrühren, damit er nicht klebt und anbrennt ) ➡ Milch dazugeben und zum Kochen bringen, dann ca. 10 Minuten kochen lassen, dabei ständig umrühren (damit die Milch nicht am Topfboden ansetzt) ➡ Zucker dazugeben ➡ umrühren, bis sich der Zucker völlig aufgelöst hat und bei schwacher Hitze ca. 4 bis 5 Minuten köcheln lassen ➡ Rosenwasser dazugeben ➡ kurz umrühren ➡ vom Herd nehmen und in kleine Schalen geben ➡ gehackte Pistazien darüber streuen und abkühlen lassen ➡ kalt servieren.

✯✯✯✯✯✯✯✯✯✯

# Milchpudding

## Zutaten:

3 Tassen Milch
1/4 Tasse Wasser
6 bis 7 Esslöffel feines Maismehl
1/2 Tasse Zucker
1 bis 2 Esslöffel Rosenwasser
gehackte Pistazien

## So wird es gemacht:

☺ Maismehl in ¼ Tasse Wasser auflösen ➟ durch ein kleines Sieb geben und die Flüssigkeit auffangen.

☺ Milch in einen Topf geben und langsam aufkochen lassen, dabei das flüssige Maismehl dazugeben und gut verrühren ➟ ca. 15 Minuten kochen lassen, dabei ständig umrühren, damit der Pudding nicht ansetzt ➟ Zucker dazugeben und auflösen ➟ 6 bis 7 Minuten kochen lassen ➟ Rosenwasser dazugeben, kurz umrühren und den Pudding in kleine Schalen geben ➟ mit gehackten Pistazien garnieren und kalt servieren.

✯✯✯✯✯✯✯✯✯✯

# Reispudding mit Käse

## Zutaten:

2½ Tassen Wasser
1/2 Tasse Bruchreis oder Milchreis, waschen, in ein Sieb geben und abtropfen lassen
1 Tasse Zucker
250 bis 300 g ungesalzenen weißen Käse
2 Esslöffel Rosenwasser
1/4 Teelöffel Mastix, in einen Mörser geben und zerdrücken
(Mastix=Misk, beim libanesischen Lebensmittelhandel erhältlich)

## So wird es gemacht:

☺ Käse in dünne Streifen schneiden, waschen, in ein Sieb geben, abtropfen lassen und beiseite stellen.

☺ Reis und Wasser in einen Topf geben und gar kochen. Dabei umrühren, damit der Reis nicht anbrennt ➟ Topf vom Herd nehmen und abkühlen lassen ➟ Reismischung in einen Elektromixer geben und pürieren ➟ Reispüree in einen Topf geben und langsam zum Kochen bringen, dabei Zucker dazugeben und ständig umrühren, bis sich der Zucker aufgelöst hat. Falls der Pudding sehr dickflüssig wird, etwas

Wasser dazugeben (der Pudding muss so dick wie Joghurt sein), bei schwacher Hitze ca. 30 Minuten köcheln lassen, bis der Pudding fast eine weiße, durchsichtige Farbe bekommt (öfter umrühren, damit der Pudding nicht anbrennt) ➡ Mastix und Rosenwasser dazugeben ➡ Topf vom Herd nehmen ➡ Käsestücke nach und nach in den heißen Pudding geben und solange umrühren, bis sich der Käse aufgelöst hat ➡ Pudding in kleine Schalen geben und heiß servieren.

✵✵✵✵✵✵✵✵✵✵

# Safranreis

## Zutaten:

1 Tasse Milchreis (Bruchreis), waschen und abtropfen lassen
3 Tassen Wasser
50 g Butter oder Butterfett
Zucker
1 bis 2 Safranfäden, in 1 Esslöffel warmem Wasser auflösen. Ersatzweise gelbe Lebensmittelfarbe
1/2 Teelöffel Kardamompulver
Pistazien und Mandeln (nach Belieben), grob hacken oder in Stifte schneiden

## So wird es gemacht:

☺ Wasser und Safranwasser oder Lebensmittelfarbe in einen Topf geben und zum Kochen bringen ➡ Reis dazugeben, kochen lassen, bis der Reis gar und weich ist (die Masse wird wie Brei) ➡ Zucker dazugeben (Menge nach Geschmack) und umrühren, bis sich der Zucker völlig aufgelöst hat ➡ Kardamompulver dazugeben und gut verrühren, dann den Topf zudecken und bei schwacher Hitze ca. 20 Minuten köcheln lassen [( oder in eine Auflaufform geben und im vorgeheizten Backofen (175°C)] backen ➡ Pistazien und Mandeln dazugeben und gut vermengen ➡ einige Minuten ziehen lassen ➡ in kleine Schalen geben und kalt servieren.

✵✵✵✵✵✵✵✵✵✵

# Soßen für Fondues und eingelegte Zutaten

Asiatische Soßen und frisch zubereitete Zutaten für die Fondues und als Beilagen für viele Gerichte.

## Krabbensoße

### Zutaten:

50 g Krabbenfleisch, zerkleinern
1 Tasse Kokosnussbrei (siehe Seite 7)
1 kleine Zwiebel, fein hacken
1/2 Teelöffel Zucker
1/2 Chilischote, fein hacken
Prise Salz
1/2 Esslöffel gehackte Korianderblätter

### So wird es gemacht:

☺ Krabbenfleisch, Kokosnussmilch und eine Prise Salz in einen Topf geben und langsam zum Kochen bringen, dann bei schwacher Hitze 3 bis 4 Minuten köcheln lassen, dabei umrühren, damit es nicht anbrennt ➟ Zucker in der Soße auflösen ➟ Chili dazugeben und ca. 5 Minuten köcheln lassen ➟ in eine Schale geben, mit Koriander garnieren und servieren.

❋❋❋❋❋❋❋❋❋❋❋

## Koriander mit Zwiebel

### Zutaten:

1 Bund Koriander, Blätter waschen und hacken
1 kleine Zwiebel, hacken
Zitronensaft
1 bis 2 Esslöffel Kokosnussmilch (siehe Seite 7) oder geriebenes Kokosnussfleisch
Salz

## So wird es gemacht:

☺ Alle Zutaten in einen Elektromixer geben und pürieren ➟ mit Salz und Zitronensaft abschmecken ➟ einige Minuten ziehen lassen und servieren.

❄❄❄❄❄❄❄❄❄❄❄

# Tomaten und Knoblauchsoße

## Zutaten:

2 Tomaten, halbieren und Samen entfernen
2 Chilischoten, der Länge nach halbieren und Samen entfernen
2 bis 3 Knoblauchzehen (nicht schälen)
3 Schalotten (nicht schälen)
1 Teelöffel Zucker
1 Esslöffel Fischsoße
Alufolie

## So wird es gemacht:

☺ Backofen auf 200°C vorheizen.

☺ Die einzelnen Zutaten gut in Alufolie hüllen und im Backofen ca. 10 bis 15 Minuten (evtl. etwas länger) garen ➟ aus den Backofen nehmen und die Schalen von den Knoblauchzehen und Schalotten entfernen ➟ die Knoblauchzehen, Schalotten, Chili und Tomaten in einen Elektromixer geben und pürieren ➟ Zucker dazugeben und in der Soße auflösen ➟ Fischsoße dazugeben und gut vermengen ➟ mit Fischsoße und Zucker abschmecken und in eine kleine Schale geben und servieren.

Vermerk:
Man kann die Zutaten auch grillen.

❄❄❄❄❄❄❄❄❄❄❄

# Kokosnusssoße mit Chili

## Zutaten:

125 g geriebene Kokosnuss, auf einem Brett ausbreiten und 1 bis 2 Tasse offen stehen lassen, damit sie trocknen
50 g Erdnüsse
1 Zwiebel, hacken
1/2 Bund Zitronengras, fein hacken
1 Chilischote, Stielansatz abschneiden, der Länge nach halbieren, Samen entfernen und fein hacken
2 bis 3 Esslöffel getrocknete Krabben, in kochendem Wasser einweichen, in ein Sieb geben und abtropfen lassen
Salz
Öl

## So wird es gemacht:

☺ Etwas Öl in einer Pfanne erhitzen ➡ Erdnüsse dazugeben und braten, bis sie Farbe annehmen ➡ aus der Pfanne nehmen und auf einem Küchentuch oder auf Papierkrepp ausbreiten.

☺ In der gleichen Pfanne Zwiebeln glasig dünsten, dann Chili dazugeben und weiterdünsten, bis die Zwiebeln braune Farbe annehmen ➡ Krabben untermengen, dann Zitronengras dazugeben und gut vermengen ➡ Kokosnuss dazugeben ➡ umrühren und 1 bis 2 Minuten bei schwacher Hitze dünsten ➡ abschmecken ➡ Erdnüsse untermengen ➡ vom Herd nehmen ➡ in eine Schale geben und abkühlen lassen.

❄❄❄❄❄❄❄❄❄❄❄

# Essigsoße

## Zutaten:

1 Knoblauchzehe, hacken
2 bis 3 Esslöffel Essig
1 Esslöffel Erdnüsse
1 kleine Chilischote, Stielansatz abschneiden, der Länge nach halbieren, Samen entfernen und hacken
1 Prise Zucker

1 Prise Salz
1 Esslöffel kochendes Wasser

### So wird es gemacht:

☺ Knoblauch, Chili, Zucker und Salz in einen Mörser geben und zerdrücken ➟ Erdnüsse dazugeben und zu einer Paste zerdrücken ➟ Essig und Wasser dazugeben ➟ gut vermengen ➟ mit Salz und Zucker abschmecken und servieren.

❊❊❊❊❊❊❊❊❊❊❊

## Kokosnuss mit Ingwerpaste

### Zutaten:

1 Chilischote, Stielansatz abschneiden, der Länge nach halbieren, Samen entfernen und fein hacken
3 cm Ingwerwurzel, fein hacken
3 bis 4 Esslöffel Kokosnussraspeln
Zitronensaft
1 Esslöffel gehackter Koriander
1 Prise Salz

### So wird es gemacht:

☺ Ingwerwurzel, Prise Salz und Kokosnussraspeln in einen Mörser geben und zerdrücken ➟ gehackten Koriander und Zitronensaft dazugeben und gut vermengen ➟ mit Zitronensaft abschmecken ➟ in eine kleine Schale geben und servieren.

❊❊❊❊❊❊❊❊❊❊❊

## Pfefferminzpaste

### Zutaten:

2 Bund Pfefferminze, Blätter waschen und abtropfen lassen
1 Knoblauchzehe, hacken
1 kleine Zwiebel, hacken
1/2 scharfe grüne Peperoni, Samen entfernen und zerkleinern
1 cm Ingwerwurzel, zerkleinern

1 Teelöffel Zucker
Zitronensaft

### So wird es gemacht:

☺ Pfefferminze und Zucker in einen Mörser geben und zerdrücken ➟ die restlichen Zutaten nach und nach dazugeben und zu einer Paste zerdrücken ➟ mit Zitronensaft abschmecken und servieren.

❄❄❄❄❄❄❄❄❄❄❄

## Korianderpaste

### Zutaten:

2 Bund Koriander, Blätter waschen und abtropfen lassen
1 Knoblauchzehe, zerkleinern
1 bis 2 Esslöffel geriebene Kokosnuss
1 Esslöffel gehackte Pfefferminzblätter, oder 1 Teelöffel getrocknete Pfefferminze
1 Chilischote, der Länge nach halbieren, Samen entfernen und hacken
1 cm Ingwerwurzel, hacken
Salz
Zitronensaft

### So wird es gemacht:

☺ Korianderblätter und Kokosnussraspeln in einen Mörser geben und zerdrücken ➟ die restlichen Zutaten nach und nach dazugeben und zu einer Paste zerdrücken ➟ mit Salz und Zitronensaft abschmecken und servieren.

❄❄❄❄❄❄❄❄❄❄❄

## Eingelegte Tomaten

### Zutaten:

500 g feste Tomaten, waschen und abtropfen lassen
6 bis 7 Knoblauchzehen
1 grüne Chilischote
je 1/2 Esslöffel Salz und Pfeffer
2 Tassen Essig
4 Esslöffel getrockneter Koriander

ca. 30 g Salz

## So wird es gemacht:

☺ Tomatenstiele entfernen ➟ Ansätze mit einem scharfen Messer abschneiden (kegelförmig) ➟ kreuzweise tief einschneiden ➟ beiseite stellen.

☺ Essig in einen Topf geben ➟ 30 g Salz und Chilischote dazugeben ➟ umrühren und einige Minuten kochen, bis die Chilischote ihre Farbe ändert ➟ vom Herd nehmen und abkühlen lassen.

☺ 2 Esslöffel Koriander, 5 Knoblauchzehen, Pfeffer und 1/2 Esslöffel Salz in einem Mörser zu einer Paste verarbeiten ➟ Gewürzpaste in die Tomaten pressen ➟ Tomaten mit der Öffnung nach oben in ein Glas geben ➟ die restlichen Knoblauchzehen in Streifen schneiden und über die Tomaten geben ➟ 2 Esslöffel Koriander rösten und über die Tomaten verteilen ➟ Essiggemisch darüber gießen ➟ Glas gut verschließen und an einem warmen Platz für ca. 1 Woche stehen lassen.

❄❄❄❄❄❄❄❄❄❄❄

# Eingelegte Mangos

## Zutaten:

4 Mangos (ca. 500 g), entkernt, geschält und gehackt
125 ml Essig
1 Tasse Zucker
1 Esslöffel gehackte Ingwerwurzel
1 bis 2 Teelöffel Chilipulver
Salz

## So wird es gemacht:

☺ Alle Zutaten in einen Topf geben ➟ umrühren ➟ kurz zum Kochen bringen, auf kleiner Flamme köcheln lassen, bis die Mangos saftig sind und die Soße dick ist ➟ vom Herd nehmen ➟ in eine Schale geben und beiseite stellen ➟ ein Glas vorwärmen ➟ Mangos in das Glas füllen und verschließen.

❄❄❄❄❄❄❄❄❄❄❄

# Eingelegte Rüben

## Zutaten:

500 g weiße Rüben
Sellerielauch
2 Knoblauchzehen
1 rohe rote Rübe (rote Beete), geschält und in Scheiben geschnitten
2 Esslöffel Salz
150 ml Essig
400 ml Wasser
1 Teelöffel Chilipulver

## So wird es gemacht:

☺ Weiße Rüben waschen, schälen und vierteln ➟ in einen Steintopf oder ein Glas schichten, dazwischen Sellerielauch, Knoblauch und rote Beete legen.
☺ Essig, Chilipulver, Wasser und Salz verrühren und über die geschichteten Rüben gießen ➟ Topf zudecken und an einen warmen Platz stellen ➟ 10 Tage stehen lassen, danach zum Essen servieren und innerhalb von 35 Tagen verbrauchen.

❄❄❄❄❄❄❄❄❄❄❄

# Eingelegte rote Rüben

## Zutaten:

1 kg rote Rüben
1/2 Liter Weinessig
1/2 Liter Wasser
Salz
Kümmel
Lorbeerblätter
Pfefferkörner und Nelken

## So wird es gemacht:

☺ Rüben gründlich waschen ➟ 2 bis 3 Stunden mit leicht gesalzenem Wasser bedecken und kochen ➟ Rüben pellen und Stielansätze abschneiden ➟ in Scheiben schneiden und würzen ➟ in einen Steintopf oder ein Glas schichten ➟ Weinessig, Wasser und Salz verrühren und in einem Topf aufkochen ➟ kaltstellen ➟ über die Rüben gießen und den Steintopf oder das Glas zudecken ➟ 10 bis 11 Tage stehen lassen, danach zum Essen verwenden und innerhalb von 30 Tagen verbrauchen.

❄❄❄❄❄❄❄❄❄❄❄

# Eingelegte Pfefferschoten

## Zutaten:

125 g Pfefferschoten, der Länge nach halbiert, entkernt und in Scheiben oder Streifen geschnitten
125 g kleine Tomaten, in Scheiben geschnitten
2 bis 3 Zwiebeln, in Scheiben geschnitten
150 g brauner Zucker
200 ml Essig
je 1 Teelöffel Nelkenpulver und Zimt
30 g Salz

## So wird es gemacht:

☺ Pfefferschoten und Tomatenscheiben waschen und abtropfen lassen.

☺ Zwiebeln, Pfefferschoten und Tomaten in eine Schale geben und mit Salz bestreuen ➟ einen Teller oder eine Schale mit Wasser darauf stellen und das Ganze über Nacht stehen lassen ➟ in ein Sieb geben und abtropfen lassen ➟ in einen Topf geben und mit Zucker, Nelkenpulver und Zimt bestreuen ➟ Essig darauf gießen und umrühren ➟ auf kleiner Flamme ca. 1½ bis 2 Stunden köcheln lassen ➟ in Gläser füllen und 1 Woche stehen lassen.

❄❄❄❄❄❄❄❄❄❄❄

Argentinische Küche

ISBN 978-3-927459-72-4

Afghanische Küche

ISBN 978-3-927459-73-1

Venezuela Küche

ISBN 978-3-927459-74-8

Kambodscha Küche

ISBN 978-3-927459-75-5